スポーツビジネス叢書

スポーツファイナンス
Sport Finance

武藤泰明［著］
Muto Yasuaki

大修館書店

はじめに

私がスポーツに関わるようになったのは、Jリーグの経営諮問委員長に就任した1999年末である。それからの8年という、あまり長くはない期間で実感しているのは、スポーツはマネジメントについてのアイディアや新しいコンセプトの宝庫だということだ。たとえば、これほど多様なカスタマーとステイクホルダーを持つビジネスは、他にないといってよい。そして、思いもよらないプロダクトやサービスが、次々と生み出されている。

イノベーションは、中心よりむしろ周縁から生まれることが多い。マネジメントを中心、スポーツマネジメントを周縁と考えるなら、スポーツマネジメントは、まちがいなく周縁であることのよさを発揮しているといえるだろう。そしてこのような特質は、スポーツマネジメントの一領域であるスポーツファイナンスでも同様である。スポーツファイナンスは、理論的・方法的には、言うまでもなく、ファイナンスを基礎とするものである。すなわち、スポーツファイナンスは、ファイナンスという普遍的な枠組みの範囲にあり、その下部構造を形成している。しかし一方で、スポーツファイナンスには固有の領域もある――というより、スポーツファイナンスでは、固有の領域が生み出されている。たとえば、命名権に代表されるような権利ビジネスに関わるファイナンス、あるいは移籍金などは固有のテーマの典型である。そしてこのような固有の領域についての研究やビジネスモデルの蓄積が、スポーツファイナンスだけでなく、中心にある普遍的なファイナンスを豊かなものにしていくのだろうと思う。

スポーツファイナンスを理解する上では、このような「普遍性と固有性」「中心と周縁」という、構造上の特徴を意識することが重要である。普遍性に徹すれば、一般的なファイナンスと変わるところがない。かといって、固有ないし周辺の領域だけに注目するなら、修得できる知識は、基礎のしっかりしない構築物のようなものになってしまうはずである。

本書は、スポーツに関するさまざまな刊行物の中では、普遍性に関わる部分の記述に、比較的多くの紙幅を割いている。これは、ファイナンスが経営戦略やマーケティングなどの関連分野と比較して、制度に関わる理解をより多く必要とするものであることによる。そして困ったことに、制度は自然現象ではないので、リンゴが木から落ちたり、地球が太陽のまわりを回るような安定したものではなく、人の手によって頻繁に変更される。つまり、中心が不安定なのである。またしたがって、確かな知識を持ち続けるためには、常に学び続けなければならない。本書が、読者がスポーツファイナンスを学び続けることの手がかりになれば幸いである。

最後になったが、スポーツファイナンスを、本叢書のテーマの一つにすることを構想された、編者である同僚の原田宗彦先生、そして編集を担当していただいた大修館書店の加藤順さんに、記してお礼申し上げたい。

平成20年1月

武藤泰明

目　次

第4章　事業計画と予算（収支計画）

第7章　財務管理

第8章　資本と資本政策

スポーツファイナンス

第1章 スポーツファイナンスとは

1・スポーツをめぐるお金の流れの変化

スポーツをめぐるお金の流れは、近年大きく変化している。よく知られているものから取り上げるなら、まず第一に、いわゆる企業スポーツからJリーグやbjリーグのようなプロスポーツへの流れがある。プロとまではいかなくても、一企業がスポーツ選手やチームを保有し、その運営費をほぼ全面的に負担するというビジネスモデルからの転換は、他の競技でもかなり見られるようになってきている。

第二は、競技場建設・運営費をめぐる変化である。日本の体育施設は、これまで行政——主に地方自治体が建設（彼らの用語で言えば「整備」）してきた。とくに建設費が高額にのぼる施設については、国体やオリンピック、あるいはサッカーのワールドカップのような競技会を契機・目的として整備されたものが多い。そしてこうした施設は、一般的に建設費だけでなく運営費も大きく、これらは財政支出によって負担されてきた。しかし、1990年代の景気後退に伴う税収の低下により、これまでのように自治体が施設を整備・運営するのは、財政的に困難である場合が多くなった。このような背景の下に、整備費の負担方法としてはPFI（Private Finance Initiative：民間資金等活用事業）、運営費をまかなう収入の増加施策としては施設命名権が海外の先行事例を参考にして導入されている。

2・本書が取り扱う範囲

本書がこれから取り上げようとするのはファイナンスだが、その定義ないし取り扱う範囲は後述するとして、はじめに確認しておかなければならないのは、誰のファイナンスなのかという点である。換言すれば、当事者ないし主体は誰かということになる。想定する主体は、競技を実施する組織である。具体的には、選手を擁するチームやクラブ、および選手やクラブが加盟する協会、連盟、あるいはリーグ機構などが検討の対象となる。これらの主体についてのファイナンスは、これまで体系的に取り扱われてきたことのないテーマである。

また付随的に、前項でも例示した競技場のファイナンスについても言及する。これについては、体系としては、財政、あるいは行政の文脈で議論されるべきものであるといえるだろう。とはいえ、スポーツに関わるファイナンスについての知識としては不可欠の領域であること、および現在見られるものや今後登場するであろうファイナンス手法は財政や行政の枠を超えるものになると思われるので取り扱う範囲に含めることとした。

3・他の研究領域との関係：applied^{2}としてのスポーツファイナンス

次に、スポーツファイナンスが取り扱う範囲について。スポーツファイナンスという語から直観的に把握できるのは、これがファイナンスの一領域だということである。そのファイナンス（コーポレートファイナンス。すなわちパブリックファイナンス―財政―を除く）が取り扱う範囲について示すなら、一般的には、

①資金調達
②資金運用
③財務管理
④予算計画
⑤決算と情報開示

が主なものであるが、本書ではスポーツを実施する主体の利用・理解を目的として、財務管理のうち、等については章をあらためて解説している。

また、本書は一般的なファイナンスだけでなく、次章で指摘するように、通常ファイナンスとはみなされないテーマを含んでいる。スポーツファイナンスは学問領域としては、ファイナンスの部分集合ないし「真下」に位置づけられるものではない。とくに本書では財務管理を重視しているので、図1に示すように、いくつかの基礎科学、応用科学の成果・知見に負っている。経営学やファイナンスは典型的な応用科学――applied science なので、これらを土台とするスポーツファイナンスは、領域としてはapplied^2 の位置づけにあるものということができるだろう。そしてこれは、スポーツファイナンスを理解しようという場合、その土台にあるいくつか（いくつも）の領域についての基本的な知見が必要であることを意味している。しかし、スポーツファイナンスを学ぶ学生の多くは体育・スポーツ科学系であり、このようなカリキュラムないし履修体系を求めることは難しい。また、読者が社会人であるとすれば、そもそもカリキュラム体系を議論しても意味がないし、大学時代の専攻もおそらく多様であろう。したがって現実問題としては、スポーツファイナンスをいわば手掛か

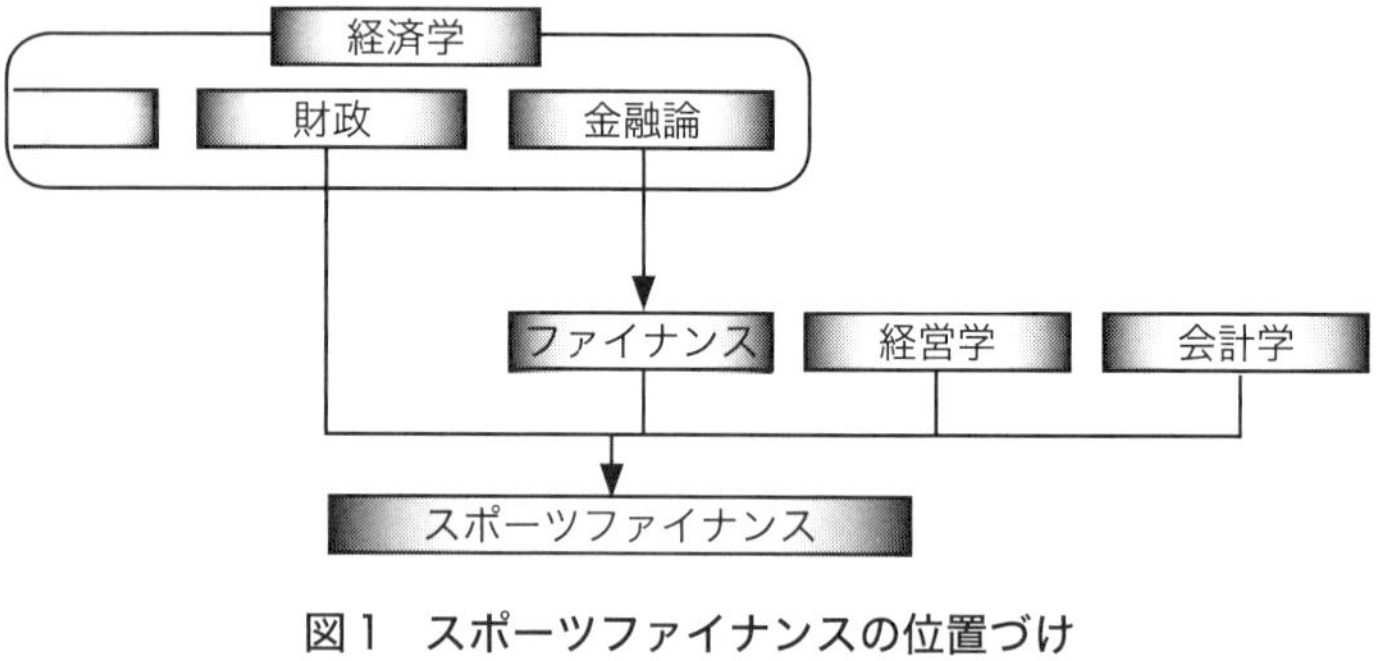

図1　スポーツファイナンスの位置づけ

りとして、その土台にある領域についての基礎的な知識を参照するのが有効な方法であろうと思われる。

4・広義のスポーツファイナンス

実務の世界では、ファイナンスという言葉は、かなり広い意味で使われている。たとえば「〇〇の費用を△△によってファイナンスする」と言う。この場合、「ファイナンスする」とは、〇〇のための支払原資を△△から得ることを意味している。△△が「借入れ」や「増資」なら、これはファイナンスである。では、△△が「寄附」ならどうか。厳密には、ファイナンスではない。しかし、〇〇の費用を支払うためにお金を必要としている人にとっては、「借入れ」「増資」と寄附は、並列される選択肢であって、ファイナンスかどうかは、どうでもよいことである。彼にとっては、いずれもファイナンスなのだ。寄附をしてくれた人、あるいは法人は、はじめはお金を貸そうと思っていたかもしれない。それが途中で気持ちが変わって寄附になった。もしそうなら、なおさらファイナンスとそうでないものとの差異を論じることの意味は小さくなる。

極端な場合は「事業収入によってファイナンスする」というのもある。一般的には、事業収入は収入であってファイナンスではない。逆から言えば、ファイナンスで得た資金は、収入ではないのである。しかし、支払原資を確保したという点においては、たとえそれが事業収入であっても、ファイナンスしたと言って意味が通じる場合が多い。

とはいえ、事業収入とファイナンスとは、やはり別のものである。具体例から両者の違いを整理してみることにしよう（表1）。

例の1〜4は、典型的な事業収入（1および2）と、典型的なファイナンス（資金調達：3および4）である。これについては、事業か、それともファイナンスかという問題は生じない。

例の5は、テレビ局に

表1　事業とファイナンスの違い

	例	事業	ファイナンス
1	製造業が製品を作って販売する	○	
2	小売業が商品を仕入れて販売する	○	
3	小売業が銀行からお金を借りる		○
4	小売業が増資（株券を発行して資金を得る）する		○
5	テレビ局がスポンサーから広告収入を得る	○	
6	鹿島アントラーズがユニフォームの胸にスポンサーの社名を掲示する	○	
7	鹿島がスタジアムで当日券を販売する	○	
8	鹿島が前売り券を販売する	○	△
9	鹿島が3月から始まる今シーズンのシーズンチケットを前年の12月に販売する	○	○
10	鹿島が2008、2009年シーズンのチケットを2007年4月に販売する（実際にはそんなことはしていない）	△	○
11	ノバルティスが子会社のガーバーをネスレに売却する		○
12	鹿島が選手を海外のチームに移籍させる、あるいは、松坂が西武からボストンに移籍する		○

解説：前売り券、シーズンシートは「お金を払って試合を見る」という、「交換」が成立しているという点では事業である。しかし、お金を受け取るのが試合を見るより先行しているという点では、ファイナンス行動でもある。11と12は資産の売買なので、交換が成立しているが事業ではなく、ファイナンスである。

とっては主要な事業収入である。換言すればファイナンスではない。ではこれに対して、例6のように、プロサッカーのチームがユニフォームの胸にスポンサーの社名や商品名をつけるのはどうか。これは、会計的にいえば事業収入になる。例5との比較で言えば、テレビ局はテレビ放送というメディア（媒体）の放送時間を「商品」として販売しており、サッカーのチームはユニフォームの特定の場所をメディアとして販売している。その意味では両者は同じ行為であるということになる。

次に例7だが、チケットの販売は事業収入である。観客は、チケットを購入することによって、競技を見ることの対価を支払っている。同様に、例8～10まではチケットの販売なので、基本的には事業収入である。

しかし、事業収入でありながら、これらはファイナンスとしての要素を併せ持っている。なぜなら、前売りを行うことによって、収入を前倒しで得ているからである。前売券の販売には、いろいろな目的がある。マーケティング、あるいはその一部である販売促進の観点からは、前売券を買いたいと考えるのはいわば固定客であり、このような顧客にメリットを付与することで、固定客化の促進を図りたい。これに対して、ファイナンスの観点からは、早く収入を得ることによって、資金不足を解消したいという意図があり得る。すなわち、前売りは「事業か、それともファイナンスか」といえば、答えは「両方」なのである。

例の11は、スポーツには直接関係がない。比較対照の手段として見るためのものである。ノバルティスはスイスの企業で、ガーバーはその子会社であり、ベビーフードのメーカーとして有名である。ネスレはインスタントコーヒーやチョコレートなどでよく知られる多国籍企業だが、このネスレが2007年にノバルティスからガーバーを買った。この場合、ノバルティスがネスレから得た「ガーバー社の売却代金」は、事業収入といえるだろうか。答えは「事業収入ではない」。

モノやサービスを販売すれば、それは事業収入になる。しかし、ガーバーという会社（＝モノ）を売っても、事業収入とはみなされない。同じように、カップラーメンを生産している会社がカップラーメンを売るのは事業収入だが、カップラーメンを生産する機械装置を売却するのは、事業でもないし事業収入にもならないのである。

この理由は、販売されているのが「産出物（事業によって生み出したもの）」ではなく、財産、あるいは資産だからである。ガーバーはノバルティスの資産であり、カップラーメンの生産設備は、その会社の資産である。

では、このような「資産の売却」は、ファイナンスなのかどうか。もし、売却した会社が、資金を得ることを目的としているならファイナンス（資金調達）になる。実務的には、資金調達したいという積極的な目的がなくても資産の売却は行われる。そしてこのような場合に資産売却をファイナンスと呼ぶかというと、おそらくそう呼ぶことはない。売却によってお金が入ることは、目的によらず同じなのだが、目的によって呼び方が変わるということなのである。もしカップラーメンの会社がカップラーメンの生産をやめてラーメンのチェーン店の経営に乗り出そうとしているなら、たとえばその会社は「チェーン店の出店費用を生産設備の売却によってファイナンスした」ということになる。

重要なのは、このような例と、例12に掲げた「選手の移籍」を比較してみることである。選手が移籍する場合、移籍先のチームから移籍元のチームに対して移籍金が支払われる。かなりの高額である。移籍元のチームはお金を得るが、これは事業収入ではない。なぜなら、このチームは、選手を移籍させる（売却する）ことを事業として行っていないからである。前段の例のカップラーメンのメーカーを移籍元チーム、生産設備を選手と考えてみれば、同じことになる。カップラーメンのメーカーも、生産設備を売ることをビジネスにしているわけではない。

では、この移籍金はファイナンスか。これもカップラーメンのメーカーと同じであり、資金を調達する目的があるかどうかによる。一般的には、チームは移籍金収入によって、移籍金支出（他の選手の獲得費用）や強化費用のファイナンスを行う。したがって、移籍金を得ることはファイナンス（資金調達）の手段の一つであると言ってよい。

以上からわかるのは、ある行為がファイナンスかどうかというのは、その行為の特性だけでなく、目的にもよる場合があるということである。狭義のファイナンスは、領域が明確である。しかし、ファイナンスを検討するという場合には、広義の領域をも対象とする必要がある。以下ではこの「広義のファイナンス」を対象として検討を進めていくこととする。

第2章　財務諸表の構成と基本概念

1・法人格の類型

1 法人格の有無について

ファイナンスとは特定の主体が行う行為なので、まず主体を明確にしておく必要がある。たとえば、個人が住宅ローンを銀行から借りるというのは、個人が行うファイナンスである。スポーツを実施している組織には、法人格のないものと、法人格を持つものとがある。法人格がないものの例は、

- 学校の運動部（学校には法人格があるが、運動部にはない）
- 同好会（学生が行っているものだけでなく、社会人が任意に組織化しているものを含む）

などである。スポーツ好きの人が小学生を集めて行っているスポーツ教室なども、法人格のないものがほとんどであろう。

法人格のない組織を任意団体と通称している。法人であるということは、その組織が「人格」を持つということである。人格というと「立派であること」、あるいは「人としての個性」のようなものだと考えるかもしれないが、法的には「人間と同じような権利と責任を有する」という意味である。具体的には、法人は契約の当事者となれる。これに対して、法人格のない組織では、当事者は法的には個人――具体的にはその組織の責任者になる。

ただし学校の運動部は、上位に学校という法人があるので、契約などの当事者は運動部ではなく学校そのものである。スポーツ用品店に用具を発注したり、合宿のために宿舎を予約するとき、部長・顧問の教員の名前で、場合によってはマネジャーの学生の名前で書類を取り交わすこともあるだろう。しかしこれらの最終的な責任を持つのは、教員や学生ではなく、学校なのである。このような例外を除けば、任意団体では、団体そのものは当事者になることができず、権利と責任は代表者個人に帰属する。

2 法人格の類型とスポーツ組織の例

法人になるためには、法務局で法人として「登記」する必要がある。個人で言えば、戸籍、あるいは住民票のようなものである。

法人には多様な種別がある。スポーツに関わる、あるいはそう想定されるものについて列挙すれば次のとおりである。

- 株式会社
- 合同会社
- ＮＰＯ法人
- 社団法人
- 財団法人

主要な法人格について、その特徴を示す。

(1) 株式会社、合同会社

株式会社は個人や法人が出資して会社を設立し、株主となる。株主は所有している株式の割合に応じて議決権を持ち、配当を得る。たとえば会社にＡ、Ｂ二人の株主がいて、Ａが60％、Ｂが40％の株式を所有しているとすると、議決権、配当ともにそれぞれ60％、40％になるということである。この場合、議決にあたってはＡの意見が会社の決定となる。

と言っても、株主が直接、会社の意思決定に関わる議決を行うのは株主総会だけである。そして株主総会は、臨時的な（つまり緊急で株主の議決を必要とするような）場合を除くと、1年に1回しか開催されないのが一般的である。その総会で、株主は会社の決算、利益処分（利益のうちどれだけを配当し、どれだけを会社の内部留保にするのか)、役員人事等を決定する。日常的な経営は、年1回の株主総会だけでは不可能である。このため、株主は総会で取締役を選任し、経営を委任する。

合同会社は個人や法人が出資して設立される点は株式会社と同じだが、議決権や配当については、出資額に比例するのではなく、任意に決めることができる点が特徴である。

スポーツに関する株式会社としては、Jリーグは所属31クラブ(2007年シーズン)のうち30が株式会社(山形のみ社団法人)である。bjリーグは所属クラブ、リーグ事務局ともに株式会社である。バレーボールでは、堺ブレイザーズが株式会社(他は母体企業の内部組織)である。

(2) 財団法人

財団法人は個人や法人からの寄附——出捐《しゅつえん》と呼ぶ——によって設立される。株式会社との違いは、寄附した個人や法人が、制度上は権利を持たないという点である。財団法人は公益法人の一つであり、活動の結果余剰が生まれたとしても、株式会社が株主に配当を行うように、この余剰を組織外に還元・提供することはない。また寄附をした個人や法人は、財団法人の意思決定について議決権を持たない。したがって、財団法人には総会がない。総会を構成する存在がないのである。

財団法人の経営は理事会によって行われるが、問題は株式会社の取締役に対する株主のような、「任命して監視する存在」がないという点である。このため財団法人には、理事の任命と監視を目

表2　財団法人日本体育協会加盟・傘下団体の法人格

財団法人	社団法人
日本陸上競技連盟	日本ボート協会
日本サッカー協会	日本アマチュアボクシング協会
日本テニス協会	日本ホッケー協会
日本バレーボール協会	日本ウェイトリフティング協会
日本バスケットボール協会	日本馬術連盟
日本レスリング協会	日本フェンシング協会
日本水泳連盟	日本ライフル射撃協会
全日本スキー連盟	日本近代五種・バイアスロン連合
日本自転車競技連盟	日本山岳協会
日本卓球協会	全日本アーチェリー連盟
日本相撲連盟	日本カヌー連盟
日本体操協会	全日本銃剣道連盟
日本ソフトボール協会	日本綱引連盟
全日本弓道連盟	日本クレー射撃協会
全日本剣道連盟	日本武術太極拳連盟
日本ラグビーフットボール協会	日本カーリング協会
日本スケート連盟	日本オリエンテーリング協会
全日本空手道連盟	日本トランポリン協会
日本セーリング連盟	日本パワーリフティング協会
全日本なぎなた連盟	日本グラウンド・ゴルフ協会
日本ハンドボール協会	日本トライアスロン連合
日本ソフトテニス連盟	日本エアロビック連盟
日本ゲートボール連合	
日本ゴルフ協会	**任意団体**
全日本軟式野球連盟	
全日本柔道連盟	日本ボブスレー・リュージュ連盟
日本バドミントン協会	日本バウンドテニス協会
全日本ボウリング協会	
日本野球連盟	
少林寺拳法連盟	
都道府県体育協会（全47団体）	

資料：㈶日本体育協会ホームページ（2007年7月）

的として、評議員会が設置される。

競技団体の全国組織には、財団法人、社団法人が多い。㈶日本体育協会加盟・傘下の団体の法人格は表2のとおりであり、全国レベルの競技団体は財団法人が30、社団法人が22、任意団体2である。また、都道府県の体育協会はすべて財団法人である。

またこれ以外に、日本オリンピック委員会、大相撲協会なども財団法人である。

(3) 社団法人、NPO法人

社団法人、NPO法人は、個人や法人を社員(従業員という意味ではない)として設立される公益法人である。設立に際しては財産は不要であり、目的を同じくする人が集まっていればよい。ただし、実際には基本財産を持っている社団法人も多い。そうであるとすると、少なくともお金については、財団法人と社団法人の違いは少ないということになる。**表3**は都道府県サッカー協会の法人格であるが、社

表3　都道府県サッカー協会の法人格

財団法人	社団法人			NPO法人
北海道	青森	石川	徳島	山形
福島	岩手	福井	愛媛	**任意団体**
茨城	宮城	三重	高知	群馬
埼玉	秋田	滋賀	福岡	
東京	栃木	京都	佐賀	
静岡	千葉	大阪	長崎	
愛知	神奈川	奈良	熊本	
岐阜	山梨	兵庫	大分	
鳥取	長野	和歌山	宮崎	
岡山	新潟	島根	鹿児島	
広島	富山	山口	沖縄	
		香川		

資料:JFAホームページ(2007年7月)

団法人が多いとはいえ、財団法人も一般的であり、NPO法人、任意団体も各1団体見られる。実施している事業や活動には違いがないのだとすると、どの法人格を選択しても、実質的には大きな違いはないのだろうということが想像される。

社団法人の意思決定機関は社員総会だが、株主総会と同様、一般的には年1回しか開催されないので、日常的な経営は理事会によって行われる（表4）。

スポーツ関係の社団には表2にあるような全国レベルの競技団体の他、Jリーグ、Jリーグのチーム（ただし山形のみ）などがある。Jリーグについていえば、社団法人の会員は各チームの運営会社とチェアマン（社団法人の理事長）である。

(4) 法人格のないもの

法人格は持たないが法人のように存在し、活動している組織もある。スポーツに関わる実例のあるものとしては以下がある。

①民法組合

プロバスケットボールのbjリーグがこの形態をとっている。

表4　株式会社と公益法人の比較

	株式会社	社団法人	財団法人
a 設立方法	株主による出資	個人や法人（社員と呼ぶ）の集まり	財産の寄附
b 意思決定機関	株主総会	社員総会	理事会
c 日常的な意思決定機関	取締役会	理事会	理事会
d cを監視する機関	監査役	監事	監事 / 評議員会
e cを任命する機関	b	b	評議員会
f 利益の分配方法	配当	できない	できない

同リーグに参加している各チームは株式会社、リーグ事務局も株式会社である。そしてチーム各社が事務局会社にリーグ事務局機能を委託するとともに、両者による民法組合を設立している。

民法組合はその名称のとおり民法上の契約に基づく組合であり、構成員は資産または労務を持ち寄って設立・運営する。任意団体では既述のとおり法的な権利義務は代表者に帰属するのが一般的であるが、民法組合では構成員全員が権利と責任を有する。無限責任である。したがってたとえば、組合が赤字になった場合、その損失は組合員が分担して負担しなければならない(図2)。

②ＬＬＰ：Limited Liability Partnership

日本語では有限責任事業組合。民法組合との違いは、相互の契約に基づくのではなく、登記すること。無限責任ではなく、有限責任である点が特徴である。

例としては、シンクロナイズド・スケーティングの

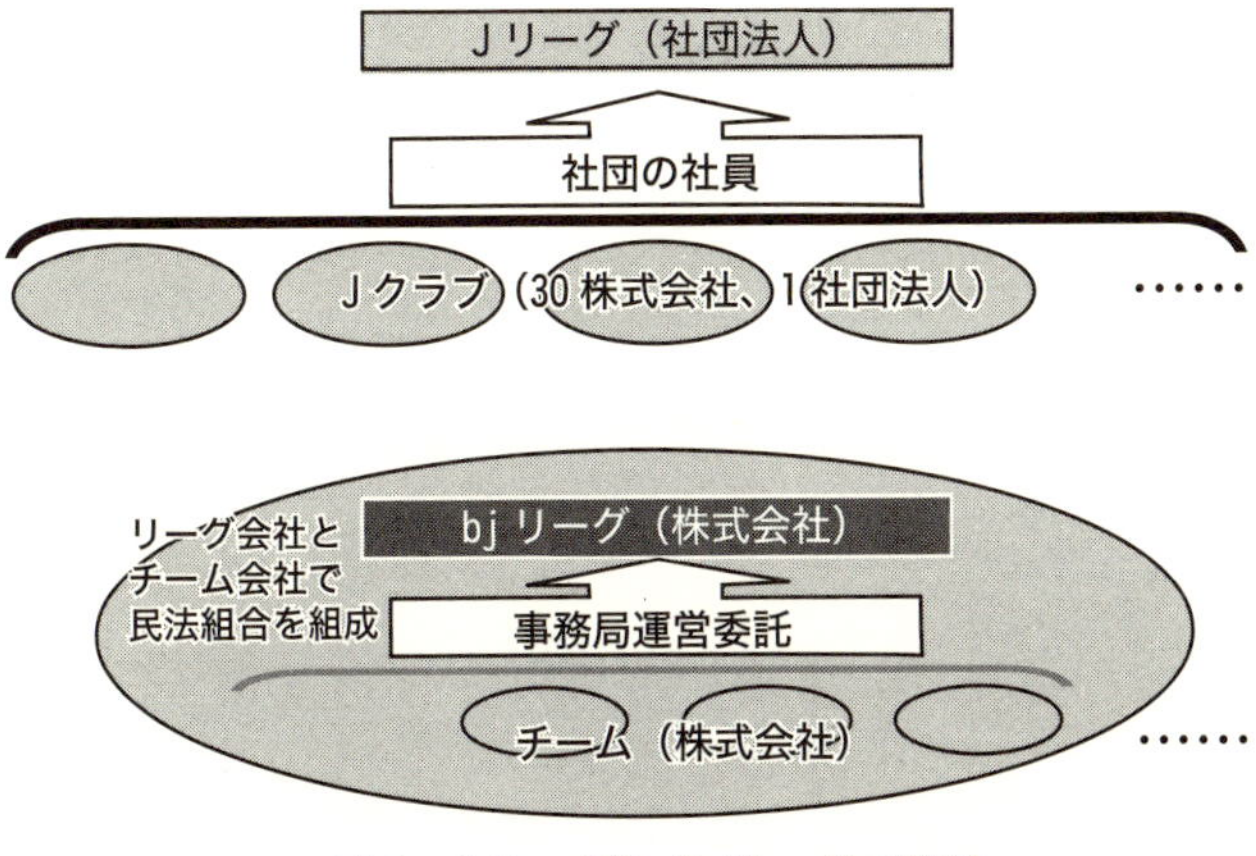

図２　Ｊリーグと jb リーグの組織

支援組織としてSynchronized Skating Total Education & Management LLPが２００６年に設立されている。

２・財務諸表の構成と相互関係

❶株式会社の財務諸表

株式会社の基本的な財務諸表は貸借対照表、損益計算書、株主資本等変動計算書である。上場会社については、連結キャッシュフロー計算書の作成が義務づけられているが、スポーツ組織については上場会社を想定する必要がないとすると、主な財務諸表は貸借対照表（バランスシート：ＢＳ）、損益計算書（ＰＬ）の２種である。

⑴　損益計算書

損益計算書は、事業期間（1期は通常1年）の収入と支出、両者の差である利益（マイナスの場合は損失）、利益への課税と税を引いた後の最終利益を表示するものである。表5はＪリーグの浦和レッズがホームページで開示している決算（＊印は説明のため追記したものであり開示資料にはない）からの抜粋であり、以下これに沿って解説する。

①収入の種類

企業の収入は「a営業収入」「d営業外収益」「g特別収益」の三つに大別される。「a営業収入」は、事業活動による収入であり、浦和レッズでは入場料、広告料、グッズ販売、Jリーグからの分配金が主なものである。「d営業外収益」は、一般的には受取利息（子会社などにお金を貸している場合）、受取配当金（子会社などの出資先からのもの）が主なものだが、競技を行っている会社にはどちらもあまり関係がないものだといえるだろう（移籍金収入を営業収入としているか、それとも営業外とするかは会社によるが、この節では詳細には立ち入らない）。「g特別収益」は保有株式や土地の売却差益などである。すなわち、事業とは直接関係のない収入である。

表5　損益計算書の例（浦和レッズ）

	2006年度（単位：百万円）	
a 営業収入	7,078	
a1 入場料収入	2,531	
a2 広告料収入	2,288	
a3 グッズ収入	1,253	
a4 Jリーグ分配金	363	
a5 その他	643	
b 営業費用	6,855	
b1 事業費用	6,262	
b11 事業運営費	2,976	
b12 チーム運営費	3,286	
b2 一般管理費	593	
c 営業利益	223	a-b
d *営業外収益		
e *営業外費用		
f 経常利益	252	c+(d-e)
g *特別利益		
h *特別損失		
i *税引前当期利益		f+(g-h)
j *法人税等		
k 当期利益（純利益）	155	i-j

出所：浦和レッズホームページ（一部改変）

②損益計算書の構造

損益計算書では表のように営業利益→経常利益→税引前利益→当期利益（純利益）の順に計算結果を表示する。営業利益は事業活動の収支を示す。次に営業外収支（d－e）を計算し、これを営業利益に加えたものが経常利益である。さらに経常外収支（g－h）を加えると税引前利益になり、これから税金等を差し引いたものが当期利益である。企業にとって第一に重要なのは事業活動であるが、その成果は営業利益であって、営業利益は企業の利益そのものではない。営業外収支や経常外収支がマイナスであれば、たとえ事業が順調であったとしても損益がよくないこともあるという点に留意が必要である。

(2) 貸借対照表

貸借対照表は、期末時点における企業の資産、負債などの状態を表現したものである。損益計算書が「期間の成果」をあらわしているのに対して、貸借対照表が表現するのは、一時点の状態であるという点が両者の大きな違いである。またしたがって、貸借対照表の内容は毎日変わる（実務的には毎日計算することはないが）という性格を有している。

①貸借対照表の構造

貸借対照表では、左項に資産を記載し、右項に負債と純資産とを記載する（表6）。論理的には、

・右項で得た資金を、左項でどのように使っているのか

表6　株式会社の貸借対照表の構造

資産の部	負債・純資産の部
流動資産	負債 流動負債 固定負債
固定資産	純資産 資本金 準備金　など

あるいは、

・左項のような資産を持つための資金を、右項でどのように得ているのか

ということが表現されている。

資産は「流動資産」と「固定資産」から構成される。流動資産は「現金、預金」「売掛金」などであり、固定資産は「土地」「建物・設備」などである。すなわち、固定資産は事業に長期的に供する「財産」であり、流動資産はその名称のとおり一時的に現金などのかたちになっているものである。

負債にも流動負債と固定負債がある。流動負債は「未払い金（商品を受け取っているのにまだ支払っていない代金）」、1年以内に返済期日が来る借入れ等である。固定負債は返済期日が1年以上先の借入れが主なものである。

純資産は、資本金、準備金が主なものである。

（3）損益計算書と貸借対照表の関係

①売上計上基準について

損益計算書の第1行目は「営業収入」または「売上高」である。「売上」とはモノやサービスが売れることだが、実はそう単純な概念ではない。例を示そう。

【例1】 Aさんは自分が応援しているチームのレプリカユニフォームを11月にオフィシャルショップに予約しに行った。12月に請求書がきて、郵便局で代金を支払った。ユニフォームがAさん

の家に送られてくるのは、来年2月中旬の予定である。この例の場合、レプリカユニフォームが売れたのは11月なのか、12月なのか。それとも翌年の2月なのか。

【例2】 Aさんは自分が応援しているチームのシーズン・チケットを11月に購入した。代金は17000円で、ホームゲーム17試合すべてに入場することができる。ホームゲームは来年3月から11月にかけて開催される。この例の場合、シーズン・チケットの売上はいつ計上すべきか。

例1の場合、レプリカの売上を計上するのを11月、12月、2月のいずれにするかは、企業の判断に委ねられる。ただし、「何をもって売れたことにするのか」を、そのつど変えることはできない。同じ一定のルールに基づいて売上を計上しなければならない。これを「売上計上基準」という。

ここで仮に、このチーム会社は11月に——つまり販売予約時点で売上を計上することにしているとしよう。レプリカユニフォームの代金は9000円、Aさんにはこのユニフォームを作っているY社から直接ユニフォームが届けられる。チームがY社に支払う金額は、ユニフォーム1点あたり、配送料を含めて2500円である。チームはY社にこの代金を3月に支払うとする。

以上の前提の下では、このチームの11月の損益計算書には、

売上高	9000円
売上原価	2500円

が加えられることになる。

もちろん、11月にはAさんは代金を支払っていないし、ユニフォームも受け取っていない。それ

にもかかわらず、チームが売上を計上するのは「そう決めた」――つまり、予約時点で売上を計上すると基準にしたからである。そして、売上を計上するのなら、対応する原価を費用として計上しなければならない。これもルールである。だからチームがY社に支払っていない2500円が費用として計上されることになる。

では、これが貸借対照表にどのような影響を与えるのか。まず売上高だが、現金は入ってきていないので、流動資産として「未収金」が9000円増加する。そして、費用もまだ支払っていないので、流動負債に「未払金」2500円が計上されるのである。

こう書くと、バランスシートについて基礎的な知識を持っている人は疑問に思うかもしれない。左と右が同額になるからバランスシートなのである。ここまでの計算では、左が9000円、右が2500円それぞれ増えている。つまりバランスしていないではないか。差額の6500円は、どこにいったのか。

この6500円は、営業利益である。金額も少ないので、ユニフォーム1点の売上が営業外収支、経常外収支に影響を与えないとすると、税引き前利益も6500円になる。税率40%とすると法人税が2600円、税引き後利益が3900円になる。この3900円の利益がバランスシートの準備金に追加される。

困ったことに、2500円と3900円を加えても6400円にしかならない。左側は9000円なので、右側が2600円、つまり税金の分不足である。これはどう考えればよいか。

もし（そんなことはないのだが）この11月末にこのチームが税金を支払っているとすると、その分、バランスシートの左項の現金・預金が減っているはずなのである。つまり左項は９０００−２６００＝６４００円、右項は２５００＋３９００＝６４００円となりバランスする。そして実際には、月次の利益６５００円が全額右項に計上されるか、純益３９００円＋納税予定額２６００円として計上されることになる。ちゃんとバランスするということである。

12月になると、Ａさんから９０００円が振り込まれてくる。これは、損益計算書には影響を与えない。貸借対照表では、「未収金」９０００円がなくなって、「現金・預金」が９０００円増える。資産の総額は変わらない。

１、２月には、何もない。次の変化は３月である。Ｙ社に代金を支払わなければならない。バランスシートの右項にある「未払い金」２５００円がなくなる。その分、左項の「現金・預金」も２５００円少なくなる。もし現金・預金がない場合は（あるいは現金・預金を使いたくない場合は）、銀行から２５００円お金を借りてもよいだろう。この場合は、左項には変化や影響がない。右項において、「未払い金」２５００円が減少し、短期借入が２５００円増加することになる。いずれにせよ、左項と右項とは同額である。

例２については二つの考え方がある。第一は、シーズン・チケットが売れた11月に、１７０００円全額を売上計上するというものである。これはいかにも単純でよいように思えるし、ルールとしてもいちおう認められているのだが問題がある。それは、「顧客に提供される便益と対応していない」

という点である。「顧客に提供される便益」とは、試合である。試合を開催するためにはコストが発生する。理想としては、「便益が提供される」「売上が計上される」「コスト（売上原価）が発生し計上される」というのが同時になったほうがよい。そしてそう考えるなら、17000円のシーズンシートで17試合を観戦できるので、1試合あたり1000円の売上を、試合が開催されるごとに計上すべきである。

面倒なのは、シーズンシートではなくて回数券のようなチケットの場合である。たとえば、シーズン17試合のうちどれを見てもよいという5枚綴りのチケットを11月に6000円で販売する。前述のように、この売上は11月に計上するべきではない。理想としては、3月から11月に開催される試合でこのチケットが使用されたら、そのつど売上に計上するべきである。

チケットが結局使用されないことも実際にはあるだろう。その場合は、チケットの有効期限がそのシーズン中であるとすると、シーズンが終了する11月に未使用分のチケットについて、まとめて売上を計上することになる。

チームの会計年度が2月に始まり翌年の1月に終わるのだとすると、この5枚綴りのチケットは、いつ使用されても、あるいは結局使用されなくても、1年度の中で売上を計上できる。しかし、もしチームの会計年度が4月に始まって翌年の3月に終わるような場合は、3月に使用されたチケットはその年度の売上に計上し、4月以降に使用されたものと、使用されなかったものについては、翌年度の売上になる。前者の場合、決算を年度末だけに行うのなら、このチケットがいつ使用されたかをチェックする必要はない。しかし後者の場合は、少なくとも3月末までは、競技場の入り口で集めた半券の中から、この券種の枚数を数えなければならないということである。

期末（会計年度の最終日）において、まだ使用されておらず、来期も有効なチケットについては、損益計算書の売上ではなく、貸借対照表の流動負債に「前受け金」として計上する。具体的には、3月決算のチームで、前年11月に17000円のシーズンチケットが1000枚売れ、17試合中3月に開催されるのが2試合だとすると、今年度の売上に計上されるのは1000円（1試合あたりの価格）×2試合×1000枚＝200万円である。残りの15試合分の代金1500万円は期末には前受け金に計上され、次の年度の決算で損益計算書の売上高になり、同時に貸借対照表から消える。

②減価償却費

減価償却費とは、複数年度にわたって使用する資産（設備など）の費用を、複数年度に分けて計上する仕組みである。何年度にわたって計上するのかという原則は、法定耐用年数によって定められている。

減価償却の方法には「定額法」と「定率法」がある。定額法は、毎年度同じ額を償却する。定率法は、毎年度同率で償却する。

たとえば、

・チームの会計年度は4月に始まって翌年3月に終わる

・法定耐用年数5年、価格1000万円のトレーニング器材を
　4月1日に購入した

という場合、損益計算書に計上される減価償却費と、バランスシートに計上される資産残高は表7のようになる。

留意しておかなければならないのは、第一に、1000万円の器材を買っても、この1000万円がそのまま損益計算書の費用にはならないという点である。この器材は貸借対照表に計上され、毎年少しずつ減価償却費として損益計算書の費用になり、その分、資産額が減少する。

第二の留意点は、減価償却は費用だが実際にお金がなくなりはしないという点である。ではどうなるのかというと、資産が減少したのと同額の現金が資産になる。減少としては、表7の定額法を例とするなら、

・減価償却費200万円を損益計算書の費用とする
・この200万円は使ったわけではないが、損益計算書では200万円が減っているので、同額を貸借対照表の資産に「現金」として計上する

表7　減価償却：定額法と定率法の違い　（万円）

	定額法		定率法（30%）	
	減価償却費（PL の費用）	資産残高（BS の資産）	減価償却費（PL の費用）	資産残高（BS の資産）
第1年度	200	800	300	700
第2年度	200	600	210	490
第3年度	200	400	147	343
第4年度	200	200	103	240
第5年度	200	0	240	0

・同額を貸借対照表の「器材」から減額する。つまり貸借対照表の額は、増えも減りもしないということになる。

これを5年間繰り返すと、器材の資産額はゼロになり、現金が1000万円増える。そしておそらく、そのころにこの器材は使えなくなるので、減価償却で得た1000万円で、新しい器材を購入する。そうすると貸借対照表の現金は1000万円減少するが、器材の資産額は1000万円増加する。そして、またこれを減価償却していくのである。

③純利益

株式会社は法人税を支払った後の純利益を「処分」することができる。主な方法は、株主への配当と内部留保である（これ以外に役員賞与などがある）。配当のように、余剰を外部に提供することは営利法人にしかできない。配当を純利益で割ったものを配当性向と呼ぶ。配当すれば内部留保が減る。両者はトレード・オフの関係にある。

内部留保は、貸借対照表の「純資産の部」に「準備金」あるいは「別途積立金」として計上される。名前は何であれ、現金である。したがって、貸借対照表の左項に、同額の資産が増加することになる。

④資産売却益

次は例からはじめよう。あるプロサッカーチームが、自前の練習グラウンド用地を買ったとする。費用は1億円である。1億円は、話を簡単にするために、たまたま持っていたことにする。練習グラウンドは資産なので、損益計算書には関係ない。貸借対照表では現金が1億円減り、練習グラウンドという土地資産が1億円増加する。土地は減価償却の対象にならない。何年たっても使えるからだ。

そのうち、地元の大企業が、この土地に倉庫を建てたいので売ってほしいと言ってくる。条件は、自分の会社のグラウンドを自由に練習に使ってよいというものである。このグラウンドは立地、設備などあらゆる面でこれまでの自前の練習グラウンドより条件がよいとする。お金もかからない。そこでこのチームは練習グラウンドをこの会社に売却する。代金は1億5000万円である。

この場合、貸借対照表では、1億円の土地が1億円の現金になる。そして、残りの5000万円は、損益計算書の特別収益に「資産売却益」として計上される。

2 財団法人、社団法人（およびNPO法人）の財務諸表

公益法人という概念がある。狭義には民法によって設立される財団法人、社団法人を指す。広義には、NPO法人、学校法人、社会福祉法人、宗教法人、日本赤十字社など、民法以外の法律を設置根拠とし、公益的な目的を有する非営利法人が含まれる。以下ではスポーツ組織の典型である財団法人、社団法人を主に想定して解説する。NPO法人は、ファイナンスの観点からは社団法人とほぼ同様である。ついでに言えば学校は財団法人の一種であると言える。

その公益法人の会計基準は平成16年に改正案が確定し、平成18年4月1日以降に始まる年度から新基準を用いることが求められている。公益法人の会計年度は4月から3月までというのが多い。

したがって、平成19年3月末の決算――つまり平成18年度決算から、新基準が適用されているということである。

公益法人が作成する財務諸表は、貸借対照表、正味財産増減計算書（フロー式）、財産目録の3点から構成される。また大規模な公益法人については、キャッシュフロー計算書の作成が求められる。

株式会社の財務諸表と比較するなら、関係は表8のようになる。

（1）正味財産増減計算書

正味財産増減計算書は、表8にも比較を示したように、企業の損益計算書に該当するものである。構成としては、一般正味財産の増減と指定正味財産（寄附によるもので、寄附者等からその使途について制約のあるものを指す）の増減にまず区分される。そして前者は経常増減と経常外増減に分かれる。この経常増減が、法人の事業活動による収益（企業では収益とは一般的に収支を指すが、公益法人では収入を意味する）と費用である。企業の経常収支にあたる。経常外増減は、臨時的な固定資産・有価証券などの売却に伴う損益などであり、企業では特別収支に該当するものである（表9）。

表8　株式会社と公益法人の財務諸表の比較

株式会社	公益法人
損益計算書	正味財産増減計算書
貸借対照表	貸借対照表 財産目録（貸借対照表の付属明細書）
連結キャッシュフロー計算書 （上場会社）	キャッシュフロー計算書 （大規模法人）

(2) 貸借対照表

公益法人の貸借対照表は、企業とほぼ類似の構成になっている。大きく異なるのは、以下の2点である。

①企業では「純資産」だが、公益法人ではこれが「正味財産」である。

企業では、損益計算書で純利益が計算された後、株主総会でその処分方法が決議される。処分方法としては、

- 配当：社外（株主）に流出する
- 役員賞与：これも社外に流出する
- 内部留保

があり、内部留保が貸借対照表の純資産に加えられる。

これに対して、公益法人では収支差額（企業の利益に該当）が、組織外に供与されることはない。このため、正味財産増減計算書に記載された収支差額は、そのまま正味財産に加えられる。

②固定資産の区分が「基本財産」と「特定資産」になっている。

企業の固定資産は、土地、有価証券など、資産の形態によって区分されるものが多い。これに対

表9　正味財産増減計算書の構成

Ⅰ一般正味財産増減の部	
	1. 経常増減の部
	(1) 経常収益
	(2) 経常費用
	当期経常増減額
	2. 経常外増減の部
	(1) 経常外収益
	(2) 経常外費用
	当期経常外増減額
	当期一般正味財産増減額
	一般正味財産期首残高
	一般正味財産期末残高
Ⅱ	指定正味財産増減の部
	当期指定正味財産増減額
	指定正味財産期首残高
	指定正味財産期末残高
Ⅲ	正味財産期末残高

して、公益法人の固定資産は、言わば目的によって区分される。基本財産とは、事業用地・建物、あるいは金融資産（運用益を事業に供することを目的として寄附されたものなど）であり、公益法人が事業活動を行う際の、文字通り基本となるものである。これに対して特定資産は、将来の使途を特定して区分管理されている。たとえば奨学金引当資産、退職給付引当資産などである。

指定正味財産、一般正味財産等（すなわち貸借対照表の右項）と基本財産、特定財産（左項）の関係は図3のようになる。

特定資産については、退職給付引当金のように、負債に対応するものがある。また、指定正味財産は寄附者等がその使途を指定するものなので、指定の内容によって、基本財産に入るものもあれば特定資産になるものもある。たとえば、ある公益法人が10周年事業で寄附を集めているとすると、寄附された資金は特定資産である周年事業引当資産に計上される。一般正味財産の使途はその法人が決定するものなので、特定資産に供されることもあるだろうし、基本財産が不足していると考えるなら基本財産に加算されてもよい。

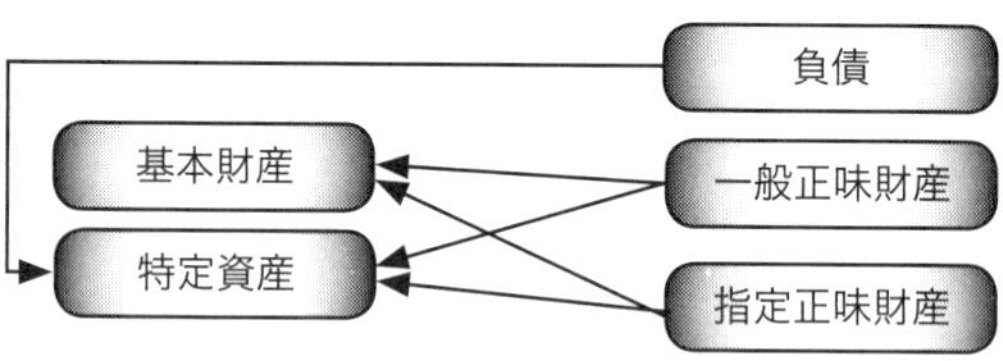

図3　公益法人の貸借対照表における財産、資産の関係

第3章 スポーツ組織の収入構成と収入特性

1．スポーツ組織の収入構成

1 スポーツ組織の収入科目の例

本章では、スポーツを行っている組織が活動の原資としてどのような収入を得ているのか、またそれは一般的な事業会社とどのように異なるのか（あるいは同じなのか）を概観する。

イメージをつかむために、具体例を3種類提示しよう。取り上げるのは財団法人日本相撲協会、財団法人日本スキー連盟、そしてプロサッカー（Jリーグ）のチームである。相撲協会とスキー連盟はともに財団だが、前者が大相撲という「プロスポーツの興行の催行」を行っている団体であるのに対して、スキー連盟はアマチュアの全国団体という違いがある。

(1) ㈶日本相撲協会

相撲協会の主たる収入は、以下のようなものである。

a 本場所事業収入（チケット売上が主）
b 巡業収入
c 放映権料（NHKが中心）
d 海外興行収入
e 貸館収入（国技館の賃貸など）
f 広報事業収入（カレンダーなど）
g 博物館入場料
h 診療収入
i 基本財産運用収入
j 寄附金

相撲協会の「本業」は、大相撲という競技会の催行である。これに該当するのは右記のa、b、dである。これ以外の事業としてはe〜hがあるが、hは格闘技に付随するものであり、内部取引（診療所と相撲部屋あるいは部屋に属する力士との取引）なので除外するとしても、本業を含めて四つの事業を実施していることがわかる。

cの放映権料は地方巡業で得る機会もあるが、ほとんどは年6回の本場所をNHKで放映することにより得ている収入である。すなわち、相撲協会は本場所の催行によって、入場料収入と放映権料という2種類の収入を同時に得ている。

jの寄附金は公益法人の特徴であり、iの基本財産運用収入は財団法人の特徴である。これらを含めると、相撲協会には7種類、興行を三つに区分すれば9種類の収入源があるということになる。

(2) プロサッカーチーム

次にプロサッカーチームであるが、この収入構成は、典型的には次のようになっている。

a 入場料収入（チケット売上）
b スポンサー収入
c グッズ販売収入
d サッカースクール収入
e ファンクラブ収入
f 選手移籍金収入
g Jリーグからの分配金（公式試合出場料）
h Jリーグからの分配金（放映権料）
i 賞金（順位による）

Jリーグのチームには、Jリーグという社団法人の会員の使命の一つとして地域スポーツの発展に貢献するというものが課されている。このため、ユース・ジュニア等の下部組織を持つ、あるいはサッカー以外のスポーツの実施主体になることが求められている。これらは収益に貢献しないので右では省略しているが、一見してわかるのは収入源の種類が多いということであろう。

(3) ㈶全日本スキー連盟

以下に示すのはスキー連盟の収入科目のすべてではなく、主なものに限定している。それでも、先にみた相撲協会、あるいはサッカーチームよりさらに項目数が多くなっていることがわかる。

a 基本財産運用収入
b 団体負担金収入
c 会員登録料収入
d 資格者登録料収入
e 競技者登録料収入
f 競技施設登録料収入
g スキー学校登録料収入
h 競技本部関係収入(海外遠征参加料など)
i 教育本部関係収入
i_1 技能章検定公認料収入

i_2 指導員公認料収入

j その他の事業収入

j_1 放映権料収入

j_2 物品収入

j_3 広告料収入

k 補助金等収入

k_1 ＪＯＣ交付金収入

k_2 オリンピックキャンペーン交付金収入

l 寄附金収入

l_1 寄附金収入

l_2 協賛金収入

そして重要なのは、どの組織の収入の類型が多いかではなく、すべてのスポーツ組織の収入類型が多いということなのである。

2 収入源、あるいはカスタマー（顧客）の数

(1) スポーツ組織における「取引先」の類型

スポーツ組織では、収入の種別が多いだけでなく、収入をもたらす主体の種別も多いことが特徴

である。
相撲協会の場合は、次のようになる。
ａ 相撲の入場者
ｂ 放送局
ｃ 国技館の借り手
ｄ 相撲博物館の入場者
ｅ カレンダーなどの購入者
このうち、ａとｅは同じ人ということもあるだろう。しかし、相撲を生《なま》で見に行く機会は少ない、あるいはないが、カレンダーは買うという人もいるので、分けて考えると、カスタマーは５種類になる。寄附してくれる個人や法人を加えると６種類である。
プロサッカーチームの場合は、
ａ 入場者
ｂ グッズ購入者
ｃ ファンクラブ会員
ｄ スクール会員
ｅ 放送局（Ｊリーグ経由）
ｆ リーグ・スポンサー（Ｊリーグ経由）

g Jリーグ（賞金）
h チーム・スポンサー
i 国内外の他のチーム（選手移籍金）

となる。相撲の場合と同様、a～cは同じ人である場合も多いが、分けて考えるとカスタマーは9種類にのぼる。

スキー連盟については項目を掲げることを省略するが、主たる収入科目を見れば、カスタマーないし取引相手、あるいは収入源はさらに多いことがわかる。すなわち、収入の類型が多いだけでなく、収入をもたらしてくれる相手の多さも、スポーツ組織の特徴なのである。

(2) 一般事業会社との比較

ここで、一般の事業会社と比較した場合、スポーツ組織の収入構成にはどのような特徴があるかを確認してみよう。

まず小売業。スーパーマーケットをイメージすればよいだろう。スーパーの収入の類型は「商品の販売」である。商品の種類は多いが、仕入れて販売するという点では、どれも変わりがない。カスタマーは消費者であり、多様といえば多様だが基本的には1種類である。スポーツ組織と比べると、単純であるといってよい。百貨店の場合は、一般消費者以外に法人顧客もある。たとえば企業の制服は、百貨店に発注されることが多い。またあまり知られていないが、客船の内装も百貨店の仕事である。客室内の家具調度などを1社で引き受けられる業態は、百貨店以外にはない。それでも顧客類型は、一般消費者とあわせてたかだか2種類ということである。

製造業の収入源は「製品の販売」である。小売業との違いは、自分で製品を作っているかどうかという点だが、販売しているという点では変わらない。自動車を例にとれば、一般の乗用車と、トラックなど業務用の車両とを製造している。したがって、顧客の類型は「個人」と「法人」の2種類である。

スポーツ組織に収入をもたらしている放送局はどうか。NHKは受信料収入を視聴者から徴収している。民放は視聴者からお金を取らず、広告主（スポンサー）から得ているが、収入源が1種類である点は変わらない。

スポーツ組織に少し似ているのは新聞と雑誌である。どちらも、読者に販売して代金を得ると同時に、広告を掲載して収入を得ている。すなわち、カスタマーは2種類存在する。

(3) マイクロ・コングロマリットとしてのスポーツ組織

以上のような検討から明らかなのは、スポーツ組織には、取引先の類型や収入科目が多いということである。しかしそれだけではない。同時に重要なのは、スポーツ組織の事業規模が小さいという点である。大規模な小売業の事業規模は1兆円である。自動車メーカーの売上高は数兆円、トヨタ自動車は10兆円を超えている。これに対して相撲協会の収入規模は100億円程度、プロサッカーで最も規模の大きい浦和レッズ（三菱自動車フットボールクラブ）の年間収入は100億円に満たない。したがって、「取引先の類型ごとの収入規模」「収入科目ごとの収入規模」は、スポーツ組織については、きわめて小さいのである（表10）。

スポーツ組織のこのような収入特性を標語的に表現するなら「マイクロ・コングロマリット」ということになるだろう。コングロマリットとは、一般的には、複数の、相互に無関係な事業に展開している企業ないし企業グループを指す。スポーツ組織が実施している活動は、かならずしも「相互に無関係」ではないが、事業によって顧客類型が異なるという点は、コングロマリットの要件を満たしている。

これも一般的には、企業が収益を実現する手段は、

- Economy of Scale（規模の経済）
- Economy of Scope（範囲の経済）

の2種である。前者は、同じ事業を実施しているなら、規模が大きいほど収益性が高いことを意味している。スポーツ組織は、大規模な事業会社と比較すると、Economy of Scale の観点からは、劣後しているといえるだろう。これに対して、後者の観点からは、スポーツ組織は要件を満たしているよう

表10　スポーツ組織と事業会社の収入特性の比較

	相撲協会	プロサッカー	小売業	製造業
収入の類型	9	9	1	1
取引相手（販売先）の種別	6	多数	1～2	1～2
収入規模	100億	3～70億	兆円	兆円

にも思われる。この点についての検討は、ファイナンスについての記述の範囲を超えるので深入りはしない。重要なのは、スポーツ組織においては、収入科目ごと、あるいは取引先ごとの収入規模が、かなり小さいという点である。

取引先の類型と提供している商品やサービスが多岐にわたるということは、それぞれについて、財務上の運営や管理の原理が異なることを意味している。たとえば、相撲協会について言えば、本場所の入場料収入についての予算管理、入金管理と、相撲博物館のそれとは、明らかに異なる活動だと言える。同様に、プロサッカーの入場料収入とファンクラブ会費、あるいはスポンサー収入の管理は、業務としては別個のものである。スキー連盟においても、協賛金収入、ＪＯＣからの補助金、各種登録料等は一括して管理することができないだろう。

このような検討からわかるのは、スポーツ組織の財務運営は、収入特性の面から見る限り、かなり難易度が高いという点である。一般的な「常識」としては、スポーツ組織は、スポーツだけを実施している、言わば「モノカルチュア」であり、その収支は比較的単純だと思われがちであろう。しかしその実態はむしろ逆であり、収入は多様であり、財務運営の難易度も高いのである。

2・スポーツ組織の収入と特性

以下では、スポーツ組織の典型的な収入について、財務運営上の特性を検討することにしよう。

1 会費収入

会費収入と呼ばれるものは、大きく2種類の収入を含んでいる。第一の類型は、公益法人の会費のように、その法人が事業を行うための費用を会員が負担するものである。この場合、会費を負担する主体は、見返りとしての便益を求めない。収入は法人の維持や事業活動に供される。

第二の類型は、ファンクラブ会費のように、見返りを求めて支払われるものである。「見返り」とは、ファンクラブの会報の配布、会員証の発行、イベントへの優先的な招待等である。ただし、両者の境界はかならずしも明確ではない。スポーツ組織が事業費の不足を背景として、ファンクラブ収入の一部をファンクラブ運営費用以外の事業費に充当することも、会員があらかじめ同意していれば可能である。

会計上は、どちらの場合も、当該期の収入として計上される。ただしファンクラブ収入の場合は、たとえばスポーツ組織の会計年度が4月から3月までだとして、ファンクラブに加入したのが10月で、かつ1年分相当の会費を支払っているとすると、それを3月までの当該年度分とみなすのか、それとも9月までの会費とみなすのかは、制定されている規則によって異なる。

2 登録料

登録料は、アマチュアのスポーツ組織にとっては、基本的かつ重要な収入科目である。登録料を支払うのは個人、チームが基本だが、スキー連盟で見たように、競技施設が登録料を支払うこともある。競技団体が登録料を徴収することについては、格別の合理性はないように思われる。もちろん、登録の事務によって、一定のコストは発生しているだろうが、それにしても、受け取っている金額ほどには費用が発生していない。

登録料が競技者にもたらすメリットは、競技会への当該年度の「出場権」である。したがって、登録料収入は、かならず入金されるという性格のものである。一方で、支払いを忘れた競技者や指導者がいた場合、選手が競技会に出場できないという問題が生じる。権利の設定は、必然的に権利のない者を排除する。このため、登録という行為の合理性については、あらかじめ真剣な検討が必要であるし、制度として不可欠ならば、弊害の出ないものにするための努力が求められる。

3 資産運用収入

(1) 資産運用の三つの原則

財団法人など、一定の（つまり多くの）財産を持っている法人にとっては、その運用の巧拙が重要である。一般的に、資産運用では、

- 安全性
- 収益性
- 流動性（換金の容易性）

という三つの原則に照らして具体的な方法を検討する。

とはいえ、この三つの原則が同時に満たされるということはない。金融資産について言えば、リスク（安全性の逆）とリターン（収益性）は相関する。リターンが大きければリスクも大きいし、国債のようにリスクの低い債権は利回りが低い。言い方を換えるなら、安全性と収益性との間には、トレード・オフの関係がある。

流動性という原則があるのは、運用資産の中に、不動産のように、かならずしも確実に現金化できないものがあることによる。

(2) インカムゲインとキャピタルゲイン

資産運用収入は、資産の運用によってもたらされる収入と、資産の売買差益とに大別される。前者をインカムゲイン、後者をキャピタルゲインと呼ぶ。

インカムゲインの例は、

- 銀行預金の利子収入
- 株式の配当収入
- アパートの家賃収入

などである。株式や不動産の売買差益は、キャピタルゲインである。一般的に、ハイリスク・ハイリターンの資産は、リターンに占めるキャピタルゲインの割合が高いことが多い。

ファイナンスにおいて、リスクとは分散を指す。すなわち、期待収益の「振れ幅」が大きければリスクが大きいと定義する。資産運用の目的は収入の最大化だが、リターンだけで投資を行うと、リスクが顕在化し、資産が目減りすることになるかもしれない。かといって、安全性を重視して国債と預金（ペイオフの上限を超えれば安全ではない）にするなら、資産運用収入はないも同然である。

（3）ポートフォリオと分散投資

解決策は二つ。第一は、徹底的に安全を指向することである。資産運用について知識や関心のない人々で構成されている組織なら、そうするのも賢明かもしれない。

第二に、一般的には、分散投資を行う。すなわち、複数の資産に投資する。この際の運用資産の構成をポートフォリオと呼ぶ。

一般的な資産運用の詳細については、本書では言及しないが、基本的なことがらとして理解してほしいことを付記すれば次の2項である。

①ポートフォリオの構成によって、リスクとリターンは、直観に反する変化をすること。たとえば、リスクがaの資産とbの資産を50％ずつ持つと、ポートフォリオ全体としてのリスクはaとbの中間になるかといえばならない。これは、分散投資がリスクを低減させるためである。

②最適ポートフォリオは、理論的には一意的に決まる（効率的フロンティアの議論）。

投資対象となる資産が多数に上る場合は、その組み合わせによるポートフォリオの種別も多数になる。これを図４の小さな○で示すとすると、○の群の中で、同じリスクに対してリターンが最大のポートフォリオが上辺に集中する。これをつないだ曲線が最適ポートフォリオである。

最適ポートフォリオ曲線の上には多数のポートフォリオがあり、投資家はこの中で自身のリスク許容度や目標とするリターンに応じて選択することができる。しかし、もしこの投資家が同時に国債のような無リスク資産を持つとすると、最適ポートフォリオは、無リスク資産のリスク・リターン（図のＣ）から、上述の曲線に対して引いた接線になる。このため、リスク資産をどのような構成にするかは、一意的に決まる。これが接点Ｍである。

分散投資と最適ポートフォリオは、証券アナリスト検定の初級レベルの試験問題に出てくるものである。要は基礎的な理論なのだが、それにしてはスポーツに関連する財団法人等の運用担当者でこれについての知

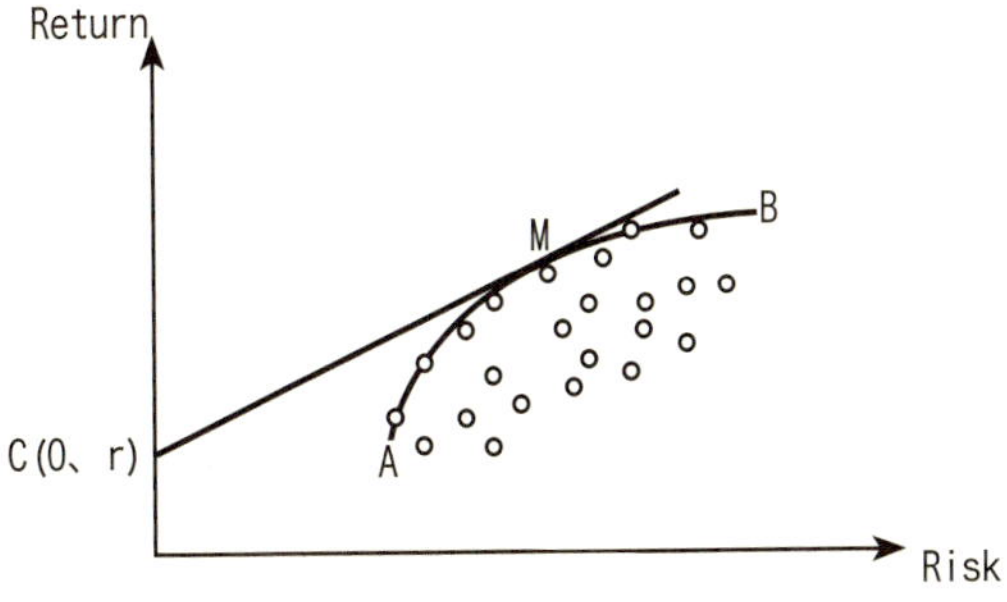
o はリスク資産によるポートフォリオ
リスク資産だけに投資する場合は AB が効率的フロンティア
無リスク資産にも投資する場合は CM が効率的フロンティア

図４　効率的フロンティアの定義

識を有する人は限られているように思われる。投資資産の構成は、ある程度論理的に決定できるものであるという点についての理解が必要であるといえるだろう。

4 協賛金収入、スポンサー収入

(1) 協賛と後援

競技会などのイベントのポスターには、「協賛」「後援」というのをよく見かける。この二つはどう違うのか。関係者の了解事項としては、後援者はお金を出さない。出すのは協賛者だということになっているようである。したがって、後援には中央省庁、マスコミなどが名を連ね、協賛するのがいわゆるスポンサーである。

(2) 経済取引としての協賛

協賛金はスポンサー企業では通常広告宣伝費として計上される。つまり、スポンサーは、お金を出し、その見返りとして、自社の社名や製品名を、競技会で「露出」してもらうのである。このような交換条件がないと、協賛金は税務上贈与とみなされる。贈与だと事業費にはならないので、協賛金を払ったにもかかわらず法人税を支払わなければならない。

ここで、相撲協会の収入構成をもう一度見てみよう（34ページ）。気づいてほしいのは、協賛金やスポンサー料のような収入がないという点である。この理由として考えられるのは、相撲はＮＨ

Kでテレビ放送が行われているため、協賛になじまないという点である。NHKは協賛企業の社名を頻繁に露出することに抵抗を感じるだろうし、協賛企業の側も、NHKでは広告効果が少ないと判断するものと思われる。

(3) 協賛金収入の問題点とリスク

スポーツ組織が協賛金やスポンサー料の「見返りとして」「取引している」ものが、スポンサー・メリットである。したがって、協賛とは経済取引の一つだということができる。製品取引と異なるのは、どのようなメリットをどれだけ供与するのかについて、あらかじめ十分には決められていないことが多いという点である。たとえば、Aというチームが、ユニフォームの背中にスポンサー名を掲示することを条件として契約を結ぶ。このスポンサーが「わが社はAを応援しています」という広告をホームページや雑誌などに載せることについては、権利が明確に規定されていないことが多い。

協賛金収入の大きなリスクは、「ないかもしれない」という点である。プロゴルフのツアー競技は毎年競技会数が変動するし、同じ競技会でも、前年とスポンサーが変わっていることもある。スポンサーがいないならやらなくてよいというのは、賢明な方法である。もしプロゴルフが「1年のうち特定の36週間かならず男女の競技会を開催する」ということになっていたとすると、スポンサーのつかない競技会もあるだろうし、そういう競技会が多ければ、スポンサー価格の設定にも影響するはずである。

プロゴルフとは違い、多くの競技会は、まず先に開催が決まっており、それからスポンサーを捜しに行く。オリンピックやサッカーのワールドカップなら間違いはないだろう。しかし、多くの競技会は、スポンサーの目処をつけずに開催を決定するだけの人気がない。そうは言っても開催すべき（と当事者が考えている）競技会は多いので、結果として誰かが赤字を負担しなければならない。

最近の例で言えば、冬季国体の開催を引き受けようという自治体がない。また、２００６年に日本で開催されたバスケットボールのワールドカップは日本バスケットボール協会に大きな経済的損失をもたらした。

スポンサーの有無にかかわらず競技予定が組まれているという点では、野球やサッカーのようなプロスポーツも同様である。サッカーは１９９８年にオーナー・スポンサーの突然の撤退を2件経験した。これと比べると、２００４年の近鉄球団の撤退（球団としては合併）はある程度よく準備されたものだったといえるだろう。しかし、理想としては、球団の合併だけでなく、新たなオーナー企業を求めるというプロセスがあって然るべきように思われる。

5 放映権料

(1) 放映権料の上昇

放映権収入は、オリンピックやプロスポーツにおいて、近年とくに重要度、総収入に占める割合が高まっているものである。

放映権の「買い手」は、これまでは放送局やその連合体だったが、とくに大規模なスポーツイベントについては、一種「仲買人」的な事業者の台頭が見られる。あるいは、ペイテレビとユニバーサル・アクセス問題など放映権との関わりで検討すべき事柄が多いのだが、ファイナンスとの関連で重要なのは当事者間の資金の流れである。

日本のJリーグでは、放映権料はスカイパーフェクTVからJリーグが受け取り、各チームに一定のロジックに基づいて分配する。イングランドのプレミアリーグも基本的に同じ方法だが、人気のあるチームの「取り分」の割合は、日本よりイングランドのほうが高い。

スポンサー料と放映権料に共通しているのは、取引の対象となる製品、サービスを増やすことができるという点である。たとえば、スポンサーのメリットとして、スポーツチームの商標や意匠の使用権を認めれば、スポンサーはこれを利用してPRや広告を行うことができる（それゆえに、あらかじめスポンサー・メリットの範囲を定義しておかなければならない）。同様に、放映権についても、

- 国内の他のテレビ局やインターネット放送に転売する権利
- ダイジェスト版を制作・放映する権利
- これを他の国に転売する権利

など広がりは大きい。

(2) マイナースポーツと放映権

一方で、マイナー競技における放映権というテーマもある。マイナー競技は視聴人口が少ないので、現在のアナログ地上波放送のビジネスモデルに適合しない。適合するのはむしろ多チャンネルの有料放送なのではないかということである。ここで、

- 有料放送のテレビ局が複数あって競争している
- 有料放送のテレビ局が放送したことにより成功したマイナー競技がほかにある

という前提の下では、その競技は放映権料を得られる可能性が高い。

6 移籍金

選手の移籍金も、スポーツ組織にとって重要な収入の一つである。移籍金収入を得るということは、選手という資産を手放す、売却することを意味している。取引相手は、他のチームである。少し固い話をするなら、チームはトレーニング器材を所有しているが、選手については所有しているわけではなく、有期限の取引契約を交わしているだけである。ということは、移籍金は資産売却収入にはならない。では何になるのかというと、違約金である。

すなわち、選手は現在所属しているチームとの契約を途中で解除して新たなチームに移る。この解除に伴う違約金を、選手に代わってチームが支払うのが移籍金なのである。

さて、そうなると面白い問題が生じる。たとえば選手との一般的な契約期間が1月から12月だっ

たとする。12月からチーム残留を前提に契約交渉を始めるが、なかなか金額が折り合わずに暮れまでかかって合意し、年初に細部も含めて調印することにしていた選手が、1月になって海外のチームに行きたいと言う。選手との契約は「切れ」ているので、移籍金は、もらえない。

考えてみると、かなりルールは不備である。しかしこれが現実なので、各クラブは、選手の「お金にならない移籍」を防止するために、複数年契約を結ばざるを得なくなるのかもしれない。一方で、選手には監督との「相性」もある。監督が替わると、出場する選手も替わる。急に使われなくなるというリスクを、選手も会社も抱えている。サッカーのようにレンタルに出せればよいが、そういう競技ばかりではないし、サッカーでもレンタルできるかどうかはやってみないとわからない。1年契約、複数年契約それぞれにメリットとデメリットがあるということである。

7 物品販売等（マーチャンダイジング）

（1）物品販売の類型

スポーツ組織が行う物品販売には、いくつかの類型がある。詳細は第13章で取り上げるが、具体的な類型としては、

- チームが自ら販売するもの（直接販売するものと、スポーツショップなどで販売するものとがある）
- チームが取引相手にライセンス（商品化権）を供与し、ライセンシーが製造と販売を行うもの

に大別される。後者にはいわゆるオフィシャル・グッズと、ライセンシーが既存の商品にチームの

商標や意匠を付すものとがある。たとえば、ビールやソフトドリンクの缶に商標をつける等のことである。

この中で、販売数量が多くなることを期待できるのは、最後の類型である。チームと大規模な製造業、あるいは外食チェーンなどを比較するなら、販売網に大きな差があることによる。オフィシャル・グッズをライセンシーが製造販売するケースも量の拡大に期待できるが、商品ジャンルに限りがある。これに対して、最後の類型は、アイディア次第でいくらでも商品のカテゴリーを拡大していくことができる。

加えて重要なのは、リスクの有無である。チームが自ら製品を製造（ないし仕入）販売する場合には、原価が発生する。たとえば仕入れたユニフォーム・レプリカが、ユニフォーム・スポンサーの突然の交代によって販売できなくなることがある。この場合、売上はゼロだが仕入費用は支払わなくてはならない。そこまで極端なケースは稀だが、仕入れた製品が予想ほどには売れず、在庫を抱えるということもあるだろう。これに対して、ライセンス契約なら、チーム側には右のようなリスクがない。それならグッズはすべてライセンス契約で販売したほうがよさそうだが、問題として「人気のある商標（ブランド）でなければライセンシーが登場しない」「ライセンス価格にも有利・不利がある」「ライセンシーに支払い能力があるかどうか確認する必要がある」といった点がある。どの方式を選択するかというのは、重要な意思決定なのである。

（2）損益分岐点について

グッズの販売が前記のような原価を伴うものである場合、損益分岐点を把握しておく必要がある。

例として、チームがユニフォーム・レプリカを販売する。販売価格は1枚6000円とする。仕入価格は1枚2000円なのだが、これとは別に、商標の版を作ったり、デザインを生産設備にインプットする（裁断や縫製のためである）のに初期費用がかかる。生産を請け負うメーカーも、一度に多く作ったほうが利益が上がるので、素材はまとめて仕入れようとするだろう。これらの条件を勘案して、初期費用として支払わなければならない金額を200万円としよう。そうすると、このチームはユニフォーム・レプリカを何枚以上売れば黒字になるだろう。

計算式としては、費用は、

200万円＋2000円×x　∴xは販売（仕入）枚数

である。これが販売代金と同じになるためには、

200万円＋2000x＝6000x

となる。この式をxについて解くとx＝500である。つまり、500枚売れれば、販売額と仕入額が300万円で同じになる。そして、501枚目からは、1枚あたり6000円－2000円＝4000円が利益になる。500枚より販売枚数が少ない場合は赤字である。このように、ある事業について、赤字から黒字に転換する点を損益分岐点という（なおこの計算は、簡便のためにいくつかの原価を省略している。たとえば、チームのホームページを使ってユニフォーム・レプリカをネット販売する場合に

は、サイトの制作費が必要だし、代金を受け取る時の銀行への手数料、商品の配送料も考えておかなければならない。また競技場で販売する場合には、販売要員の人件費や販売スペースの貸借料、商品の搬送費も必要になるだろう。売り方によってコストは変わる。これらを考慮した上で損益分岐点、そして販売価格、予定販売数量を決めなければならない)。

8 補助金

公益的なスポーツ活動を行っている組織の中には、補助金や寄附金を得ているところも多い。たとえば全国レベルの競技団体で、オリンピックなどに日本代表を送り出すための強化事業を実施していれば、ＪＯＣからの補助金の交付が期待できる。これ以外にも、スポーツ振興を財政的に支援することを目的とした財団や基金がある。活動によっては行政費用からの補助金もある。

このような収入の特徴は、資金の使途があらかじめ明示されているという点である。寄附金については、この制約があまりないものもあるが、補助金は活動を特定して交付されるケースがほとんどである。また「補助金」なので、事業費の全額が交付されるのではなく、「半額」など、充当割合が決まっていることも多い。これから生じる問題は、支出が事前に、かなり詳細に予見されていなければならないという点である。この特徴は、国や地方自治体の予算に似ている。何に対してどれだけ支出するのかという点が、予算では詳細に決められている。事業を始めてみたら、計画していた支出は意外に少なくて済み、そのかわり想定していなかった費用が発生する、というのは事業活動ではごく当たり前のことなのだが、予算制度はこれを許容しない。ある意味では硬直的なのだが、要は「他人のお金」なので、勝手に使途を変更するわけにはいかないのだ。

9 現物給付、費用減免

競技場の使用料の減免、あるいはサプライヤーからのユニフォームや用具の供与も、資金の授受は伴わないものの、実質的には収入の一種である。

一般的には、チームが得る収入は、そのチームの価値（人気がある、優勝している等）によって増加する。これに対して、使用料の減免額はチームの価値に比例することはない。競技用品の給付は、ある程度チームの価値に連動している。価値の高いチームであれば、ユニフォームだけでなく、トレーニングウェアの給付も受けられるかもしれない。とはいえ、得られる実質的な収入は、価値の高いチームから見れば、価値の上昇に比例して増加するという性格のものではなく、一定の限界がある。

競技場使用料の減免が行われるのは、その競技場が公設の場合である。減免の根拠は、競技場を使用するチームの活動が、地域に貢献しているという点である。換言すれば、減免は一般的な取引ないし交換に近い性格を持っている。たとえば競技場使用料を減額してもらう見返りとして、競技会に地域住民を無料で招待する権利を自治体に提供する（具体的には招待券を渡す）場合、交換が成立している。もし競技会が満席にならない――というより、かなりの空席があることが確実なら、無料招待券の給付は、チームにとって有利な選択である。また競技場使用料と入場券の交換ができるとするなら、競技場の所有者ないし運営主体が、とくに公的組織ではなくても成り立つということを意味している。これらの組織、団体が入場券を提供されることにメリットを感じるならそれでよい。またしたがって、競技場使用料の減額は、この場合入場券販売と同じ行為だということになるのである。

10 入場料収入

大相撲、プロ野球、あるいはプロサッカーでは、入場料収入は主たる収入源の一つである。しかし、スポーツ全般を視野に入れるなら、意外なことに、そして残念ながら、入場料はそれほど重要な収入ではない。

入場料収入を得る主体は、プロ野球とプロサッカーではチームである。大相撲では、相撲協会という競技団体である。一般的には、入場料収入を得ているのは、チームではなく、競技団体である場合が多い。この理由は二つある。第一は、個人競技の場合、競技会は団体が催行するためである。第二に、チーム競技であっても「ホーム・スタジアム（ないしアリーナ等）という概念が確立されていない場合」「チームの競技会催行能力が量的・質的に不足する場合」には、チームが競技会の催行主体にならないためである。

収入がないということは、収入を得る、あるいは増やすことを真剣に考える主体が成立しないことを意味している。したがって、プロの野球・サッカー、あるいはbjリーグのバスケットボールなどを除けば、ほとんどのスポーツ・チームはある意味でマネジメントの主体たり得ていない。マネジメントの主体は、競技団体なのである。

またしたがって、スポーツは、団体とチームとの間の資金の集約や分配、あるいは機能の配置（団体で実施するか、それともチームが行うのか）といった、一般的なファイナンスやマネジメントではあまり例を見ない問題を提起してくれる。入場料などの収入を自ら得ることがスポーツの自立の道だというのは簡単だが、では自立するのは団体なのかチームなのか、両者の最適な役割分担はどうあるべきかといった点についての熟慮がなければ、自立論にはあまり意味がないということである。

第4章 事業計画と予算（収支計画）

1・事業計画と予算の関係

事業計画の策定には二つの目的がある。第一は、その組織が今後どのような活動を実施しようとしているのかを提示することである。手順としては、理事会（財団法人の場合）、社員総会（社団法人やNPO法人の場合）で組織としての意思決定が行われ、組織内で周知されるとともに、必要に応じて外部に対して公表される。

株式会社では、実質的には取締役会で承認されれば事業計画として有効であり、株主総会の決議を待つことはない。これは会社の会計年度が3月に終わるとすると、新しい年度は4月から始まっているのに、株主総会は6月下旬に開催されることが多いためである。社団法人やNPO法人でも状況は同じであり、一般的には3月の理事会で承認された事業計画が言わば「仮の計画」として執行され、社員総会で約3ヶ月後に正式に決定される。

事業計画策定の第二の目的は、収入と支出の計画の妥当性を検証することである。事業計画を遂行するためには、経営資源がなければならない。具体的には人材、物的資源、そして賃金などである。したがって、事業計画を策定するにあたっては、どのような人員がどれだけ追加的に必要かが検討される。余剰であれば再配置することもあるだろう。こうして人員計画が策定される。そして人を雇用するにも、何か「もの」を買うにもお金が必要になる。こうして、事業計画は支出計画に具体化される。とはいえ、プロセスはそれで終わりではない。この支出計画が収入計画を上回っていることもあるだろう。その場合は、事業計画の修正や資金調達が検討される。このような流れの結果として、収支計画ができあがる。

すなわち、完成した収支計画は事業計画を反映したものであるが、作成の途上では、収支計画には、事業計画をチェックする役割ないし機能がある。

2・収支計画の策定プロセス

このように書くと、事業計画案はいかにも収支と無関係に策定されるように見える。しかし、実際には、収支計画の「パーツ（部分）」と事業計画のパーツとは、同じ人物によって同じ時に作成されることも多い。また収入計画が先行する場合と、支出計画が先行する場合とがある。策定プロセスは、組織によってそれぞれ特徴があるということである。

1 プロサッカーの計画策定プロセス

具体例をイメージしてみよう。はじめは、日本のプロサッカーのチームである。事業計画の基本的な要素は、

- 何位を目標とするのか
- 1試合平均でどれくらいの入場者が来るようなチームになるのか
- ホームタウン活動をどのように充実させていくのか
- 育成組織をどのように充実させていくのか

といったものである。Jリーグの場合、社団法人の事業目的として地域スポーツの振興をあげており、実施する種目はサッカーに限らないのだが、とりあえずここでは議論を単純にするために、サッカーだけを考えることにする。

(1) プロサッカーの事業サイクル

①原点は興行価値

日本のプロサッカーの事業サイクルを単純化して示せば図5のようになると私は考えている。「原点」にあるのは、競技ないし「興行」としての価値である。つまり、観戦して面白い。それだけで

なく、スタジアムに行きやすい、スタジアムが快適である、食べるものを買うのにあまり並ばなくて済む等々、要は行きたくなるような条件が満たされている。目標とされるのは、入場者数である。

もちろん、人によって観戦動機は異なる。かつてのプロ野球の阪神タイガースのように、なかなか勝てないのに観客数が多いというチームもあることはある。したがって、入場者数という「目的（被説明）変数」を高める説明変数がどれなのかということについては、100％の正解はない。しかしチームは勝つために競技をしているし、観客がスタジアムに満足して帰ってくれたほうがよいことは間違いない。

とはいえ、スタジアムの立地は変更できないし、座席の快適性や、トイレ・売店などの利便性も変えることはできない。したがって、年度の事業計画の中でチームが入場者数の増加を目的として実行できるのは、勝つことであり、そのためにチームを強化することである。そしてその結果

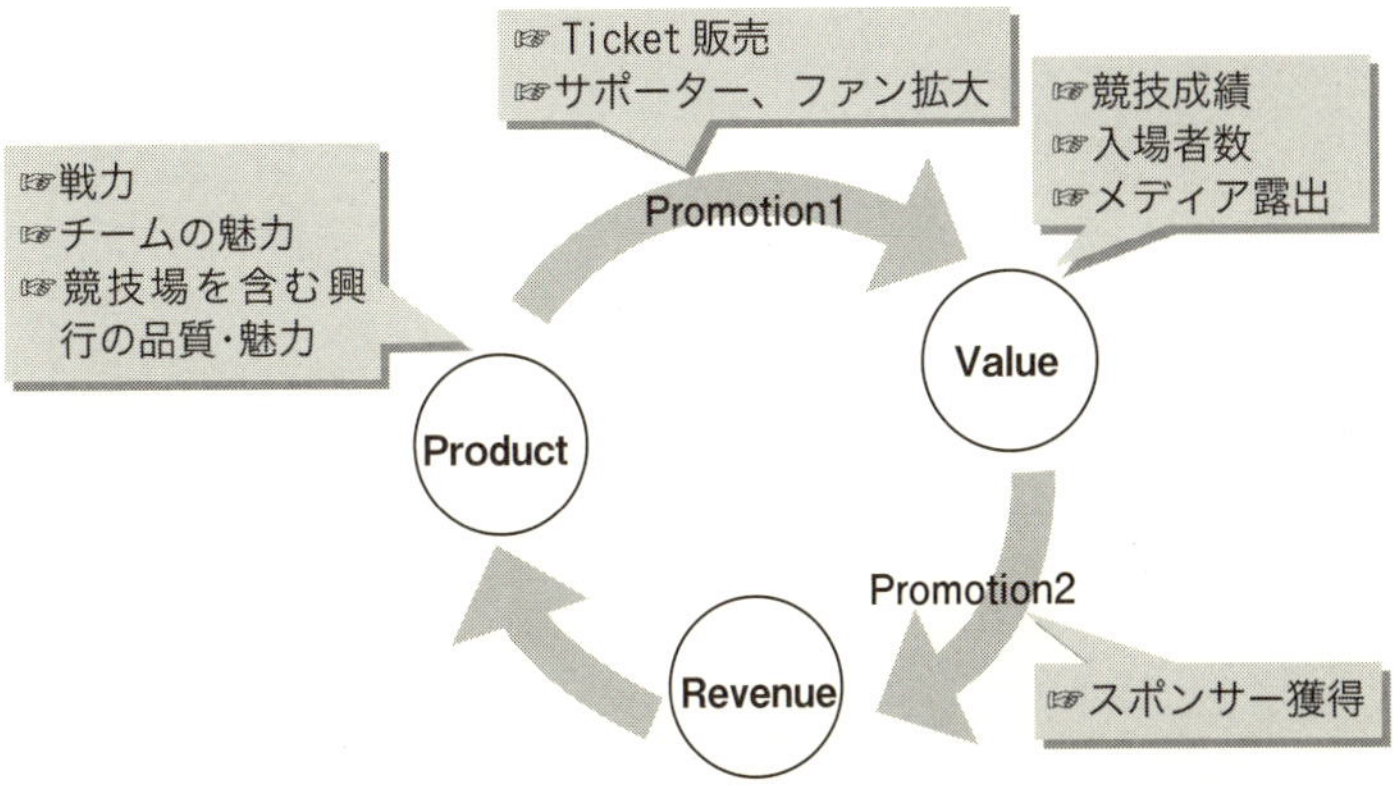

図5　プロサッカーの事業サイクル

として入場者数が増加し、チームに入場料収入をもたらす。

入場者の多い魅力的なチームは、地元ローカル放送局の放映権料と、地元企業からのスポンサー料を得ることができるだろう。ただし、これらは一般的にはあまり多額にはならない。チームの試合を見る人が飛躍的に増加するのは、全国放送である。そして全国で放映されるようなチームであれば、全国クラスのスポンサーを獲得する可能性が高まることになる。このようなスポンサーは高額のスポンサー料をチームにもたらし、チームはこれを原資として、価値のさらなる向上を図る。

問題は、このサイクルの原点にある「チームの強化」には、お金がかかるという点である。そして、強くなったチームでなければ、放映権料やスポンサー料を得ることが難しい。

②放映権料の傾斜配分の意味

現在のJリーグは、放映権料についてリーグ全体として一括契約し、この収入を各チームに分配するという方法を採用している。したがって、おそらく、下位のチームは自身のメディア価値と比較すると多額の放映権料を得ているはずである。そして、そこでは、本来はチーム強化後に得られるはずだった収入が前倒しで支払われているということになる。換言すれば、「原点」での資金不足は、仕組みとして、ある程度解消されているのだろうということである。

ついでに言えば、対戦型の競技で、入場料と放映権料はホームチームが受け取るという方法の下では、人気チームとの対戦は相手チームに多くの収入をもたらす。たとえばプロ野球では、セ・リーグのチームは、巨人戦の放送権料と入場料とが重要な収入源だった。あるいはJリーグでは、浦和レッズがJ2に降格したシーズン、三浦知良選手がJ2の横浜FCに加入したシーズンには、対戦相手のチームは、レッズや三浦選手の人気のおかげで通常より多くの入場者を獲得している。人気と集客力のあるチームの存在は、他のチームの収入増にも貢献するのだということである。

（2）支出は収入に先行する

さて、このような仕組みがないとすると、チームは、強化に要する資金をどのように獲得するかを検討し実行しなければならない。具体的な方法としては、

ａ入場料収入を増やす
ｂスポンサー収入を増やす
ｃ借入れを行う
ｄ増資する（株式会社の場合）

が主なものである。ここで認識しておかなければならないのは、事業計画では目的として置かれていた「入場者の増加」が、収支計画では強化のための手段になっていることである。同様に、入場者増の結果であったはずのスポンサー収入も、手段として位置づけられている。入場料とスポンサー収入とは、1サイクル（シーズン）の事業がうまくいった結果ではあるが、同時に次のサイクルでの強化コストを捻出する手段でもある。原点では収入がないので、これは、結果としての収入を言わば先取りし、手段にしようということである。結果は出ていないので、このような計画にはリ

スクがあるが、当事者であるチームは、入場料とスポンサー料を向上させるために努力する。収入が増えなければ赤字になり借入れなどの負債で埋め合わされる。増資という手段もあるが、少なくとも論理的には、毎年の経常的な支出を資本金でまかなうことは好ましくないだろう。入場料とスポンサー収入を増やすという計画がうまくいっても、期初に資金がなければ、これらの収入が入ってくるまでの間、一時的に借入れをしなければならないこともある。

以上からわかるのは、事業計画→コスト（支出）計画→事業計画→収入計画というように、事業計画と収支計画が連動して修正されていくという点である。ここまでの議論は、入場料とスポンサー収入を増やすということで終わっているが、その先には、たとえば入場料収入を増やすための事業活動によってどれだけのコストを見込むのかという計画が必要になる。できあがった計画には、リスクがある。場合によっては、強化費用を削減しなければならないということにもなるだろう。

2 組織特性による差異

(1) 企業スポーツと大相撲

以上はプロサッカーの予算策定の例だが、このプロセスは、どのスポーツ組織にもあてはまるというものではない。いわゆる企業スポーツの場合は、オーナー企業の支出予算が優先する。すなわち、1年間でその企業がどれだけ資金を提供してくれるかによってまずチームの収入が決まるので、ここまでに述べたようなプロセスはない。もちろん、強化のためにオーナー企業に支出の増額を要請することは、日常的に行われているだろう。しかし収入源がオーナー企業1社であることに変わりはないので、リスクをとって高い収入目標を掲げ、その実現のために活動するということはない。

大相撲の場合は、国技として人気を維持あるいは高めていこうとするなら、それが明確に把握できる指標は入場者数とテレビの視聴率である。プロサッカーの原点が強化であるように、相撲も強い力士が輩出され、本場所が面白くなければならない。その強化の役割はそれぞれの部屋に委ねられているが、プロサッカーと大きく異なるのは、強化費用がそれほど発生しないという点である。賃金制度は相撲協会全体として統一されており、力士が部屋を異動することもない。したがって、強化の手段は才能のある力士の発掘と育成なので、高額の年俸や移籍金を負担する必要がないのだ。

したがって、事業拡大を指向する相撲部屋にとって、リスクはあまり大きくないのだが、ということは同時に、リターンも大きくないことを示唆している。入場料収入や放送権料を受けとるのは協会であって部屋ではないからである。総じて言えば、大相撲は事業費拡大リスクなしに運営する仕組みを構築しているということになるだろう。またしたがって、協会としての事業計画と収支計画との間には一定の関係はあるものの、あまりダイナミックなものではなく、収支計画による事業計画の監視についても、プロサッカーのチームほどには注力する必要がない。

(2) リターンの拡大可能性がリスクテイクを決める

以上の検討から指摘できるのは、第一に、

・コストをかけることが成果に直結するかどうか

・収入を営業努力によって増加させることができるのかどうか

によって、収支計画の性格、あるいは事業計画と収支計画の関係が特徴づけられるのではないかという点である。この両方に該当するのはプロサッカーのチームである。企業スポーツは海外遠征、高地でのトレーニングなどにコストをかけることによって成果（強化）を実現できる可能性があるが、それが収入を飛躍的に増加させることはないので後者に該当しない。大相撲は成果を実現する手段はコスト以外のところにあるが、収入のほうは、たとえば地方巡業の回数を増やすことによってある程度実現できるだろう。

第二に指摘しておくべき点は、「収入の増加可能性の高いスポーツ組織のほうが、将来の収入を見込んで、現在のコストをかけようとする」だろうという点である。換言すればリスクを負おうとする。そしてこれは、一般的な企業と同じ特徴である。またしたがって、このような特徴を持っているスポーツ組織のほうが、おそらく成長しやすいのである。もちろん、成長に失敗するところも一定の確率で発生するだろう。しかし同時に、成功する組織も生まれているはずである。日本のプロサッカーが、いくつかの失敗の事例を伴いながら全体としては成長し、収入を増加させているチームを生んでいるのはこのような構造による。また放映権料をJ2のチームに手厚く分配していることは、J2のチームの資金調達力の低さをカバーしているということであり、要は成長のためのファイナンス（資金調達）の代替手段であると言うことができるだろう。

第5章 資金調達

1・債務者としてのスポーツ組織の特性

本章では狭義のファイナンスである資金調達を解説する。ただし、会社が資本金を得ることによる資金調達は第8章のテーマなので除外する。したがって、以下で取り扱うのは、主に借入れによる資金調達である。

1 借入れの基本的な論理

個人や組織がお金を借りられるかどうかは、返済能力があるかどうかで決まる。返済能力を分解すると、

・キャッシュフローを生み出す能力と

・キャッシュフローで返済できなくなった場合に、資産売却などの代替的な手段で債務を返済する能力

になる。

また借入金利はリスクによって決まる。資産運用の項でも述べたとおり、リスクとは分散なので、計画されているキャッシュフローの期待値が潤沢であっても、分散が大きければ金利は高くなる。したがって、同じ相手にお金を貸す場合でも、期間が長ければ分散が大きくなるので金利が高い。また担保（借入を返済できない場合にその代替とすることが契約されている資産）があればリスクは小さくなるので利率が低下する。

2 スポーツ組織の特性

スポーツ組織の形態は多様なので、債務者として同質的な特性を持っているわけではない。典型的なスポーツ組織について特性を整理すれば以下のようになるだろう。

(1) 任意団体

すでに述べたとおり、法人格のない任意団体は、団体が契約の当事者となることができないし、資産を持つこともできない。形式的には任意団体としてのバランスシートを作成することもできるが、そこに記載される資産や負債を有するのは、団体を代表する個人なのである。そして現実的な

問題として、任意団体がその代表者を債務者としてお金を借りることは困難である。借りられるとすれば、代表者に個人としての信用力がある場合に限られるだろう。またしたがって、その団体のキャッシュフローと資産で返済できない場合は、代表者に返済が要請されることになる。任意団体のこのような特徴は、とくにスポーツ組織に限ってのことではなく、普遍的なものである。

任意団体でありがちなのは、収支が不正確になるという点である。もちろん、規程を定め、監事を置き、専従の事務局のある任意団体も存在するし少なくないのだが、全体から見れば例外に属する。そして標準的な任意団体では、支払資金が不足すると個人が立て替え、その記録や意思決定の記録が残らないので、誰が団体に対して債権（団体から見れば債務）を有しているのか、あるいはその債権額や、そもそも団体に債務があることが適正なのかどうかが不明確なまま時間が経過することが多い。

(2) 法人格のある組織

スポーツ組織が法人格を有していれば、その組織が当事者としてお金を借りることができる。代表者は、少なくとも債務からは解放されるということである。そして法人格の類型にかかわらずほとんどのスポーツ組織に共通しているのは、あまり実物資産を持っていないという点である。したがって返済能力は、キャッシュフローを生み出す能力だけによって判断されることになる。もちろん、財団法人は資産を持っており、右記のような特徴には該当しない。しかし財団法人はこの資産によって成立している公益法人なので、貸し手である金融機関から見た場合、返済ができない場合に資産によって債権を回収するというのは、契約書の文面上はあり得ても実務的にはおそらく考慮されない。したがって、財団法人の返済能力も、他の類型の法人と同様に、キャッシュフローだけによって判断されることになるだろう。

（3）法人設立と債務の承継

ＮＰＯ法の施行や平成20年度からの公益法人改革によって、法人格を持とうとする組織が増加している。株式会社についても2006年の会社法施行によって最低資本金制がなくなり、資本金1円でも会社が設立できるようになったので、株式会社形態を採ろうとするスポーツ組織もこれからは増加していくものと思われる。そしてこれらの場合に問題になるのが、前身である任意団体からの債務の承継ができないことである。

債務の承継ができないと何が起きるのか。たとえば、任意団体の時代に１００万円の借入金があったとする。契約上の借り手は、すでに記したように団体ではなくその代表の個人である。そして法人を設立すると、事業活動は法人が行うようになる。しかし、債務は任意団体の代表者に残ったままになる。たとえこの代表者が新たな法人の理事長に就任したとしても同じことである。そしてもし、この借入れの返済を事業活動から生まれるキャッシュフローから行っていたとすると、法人の設立に伴って、それが不可能になる。その法人は、個人の負債の返済を行うことができない、というより、してはならないからである。結果として、任意団体の代表者には、返す手段のない借入れが残ることになるのである。

新しい法人が旧団体から資産を買い取ることができれば、この問題は解決するかもしれない。しかし既述のように、典型的なスポーツ組織は、あまり資産を持っていない。買い取れるものがないのである。このような点について、法人設立時に注意が払われなければならない。

なお、対応策として考えられるのは、新法人が株式会社である場合、旧団体から営業権の譲渡を受けることである。すなわち、スポーツの活動、これに伴う組織、会員などを営業権とみなし、これを旧団体から買う。旧団体（の代表）は、得た資金で債務を返済する。

類似する方法は、商標の譲渡である。これなら、買い手の新法人が株式会社でなくても可能であると思われる。たとえば、旧団体が〇〇スポーツクラブという名称で、チームの愛称は△△であったとする。この二つについて旧団体が商標登録によって権利を設定し、これを新法人に売却する。

これ以外に「売れる」ものとしては、電子メールのアドレス（@から右の部分）、団体のホームページのドメイン名などもあるだろう。よくあるのは、これらの「売ることのできる資産」を気前よく新法人に無償で譲渡し、後になって、旧団体の債務の返済ができなくなっているのに気づくことである。可能であれば、法人の設立に伴い、旧団体は「リセット」すべきだが、その際、資金、とくに債務の問題が解決しにくいことが認識されなければならない。

2・資金調達手法の類型

資金調達手法といっても、それほど類型が多いわけではない。基本はお金を借りて、返すことである。とはいえ、ゆっくりとではあるが日本でもその方法は変化している。以下ではそのいくつかについて示す。

1 一般的な融資

従来型の融資は、本章の冒頭でも解説したように、お金を借りて、あらかじめ定められた日程で、定められた額を返済する。担保のある融資とない融資があり、後者のほうが利率が高い。

この融資のもう一つの特徴は、返済義務が債務者にあり、考慮される返済能力は、債務者のものだという点である。そう書くといかにも当然のように思えるが、要は、一つの法人がAとBという事業を行っており、Aで借入れをして返済できない場合には、Bのキャッシュフローや資産を返済に充当しなければならないという点が重要である。換言すれば、一つの事業のリスクを他の事業も負うことになっている。たとえば小売業がゴルフ場開発に投資して失敗し、順調に経営されている本業の小売業を身売りしなければならなくなるのと同じである。法人全体として債務を負っていればそうなる。

2 社債、団体債

(1) 直接金融と間接金融

ファイナンスには直接金融と間接金融という基本的な概念区分がある。間接金融の典型は、銀行などの金融機関が預金を集め、これを貸し出すものである。預金者と債務者の間に銀行が入っていて、どの預金が誰に貸し出されているかという区分がないので間接金融である。これに対して直接金融は、資金を調達する会社や団体からみて、債権者が特定できる。たとえば株式の場合は、誰が株主かが明確である。株式の取引には証券会社が介在するが、その役割は仲介なので、証券会社自身が株式を買っているわけではない。

株式は有価証券の一種である。有価証券とは、資金調達の証書として、会社や団体が資金提供者に対して発行するものである。有価証券はこの株式と債券とに大別される。債券は、会社や団体にとっては借入れと同じ債務になる。たとえば国債は、国が発行している債券である。

国によって、銀行の融資が多いところと、会社や団体が銀行からあまりお金を借りずに債券を発行するところとがある。日本は前者の典型であり、米国は後者である。この違いは金融制度の歴史的な経緯によるもので本書では立ち入らないが、要は同じ債務でも、借入れと債券という二つの方法がある。

直接金融では、投資（資金を提供）することのリスクは、投資家自身が判断し決定する。これに対して、銀行に預金する場合は、預金者は銀行が誰に貸しているか知らないし、もし銀行の貸出先が倒産しても、銀行自身の経営が健全であれば、預金金利が途中で低くなることもない（ただし銀行が破綻した場合は、1000万円以上の預金は利子だけでなく元金も含めて保護されない。ペイオフ制度という）。

企業や団体の資金調達において、借入れではなく債券が選択されるのには、いくつかの理由ないしケースがある。第一は、発行者の信用力がきわめて高い場合である。たとえば、国の信用力は銀行より高いので、国の資金調達は銀行から借りるより債券を発行したほうが有利になる。米国では歴史的に銀行が小さく信用力も低かったので、大企業は債券で資金調達を行う。銀行から高い金利でお金を借りるのは経営状況のよくない、債券を低利で発行できない企業である。

第二はこれとは逆に、債券の発行者の信用力が低く、銀行からの借入れができない場合である。このような理由で発行される利率の高い債券をジャンク・ボンドと通称する。このような債券でも買い手がいれば調達できるのが直接金融の面白いところである。

第三は、債務の返済に長い期間を要するような場合である。銀行の貸出は短期を原則とするので、たとえば10年後に返済（債券の場合はこれを償還という）するようなケースでは債券が選択される。

(2) スポーツ組織による債券の発行

日本では、スポーツ組織が債券を発行する例は未だ見られないはずである。今後それがあり得るとすれば、競技施設が建設される場合なのではないかと私は考えている。日本の競技施設は公設が多い。東京ドームのように野球場（ホテルなどそれ以外の施設を含む）の経営を本業とする会社もあるし、企業スポーツはそれぞれ自前の施設を持ち、その多くは練習だけでなく競技にも使用されるが、数としては少数である。近年では英国をモデルとしてＰＦＩの手法も活用されているが、公共施設であることに変わりはない。したがって、スポーツ組織はこれを利用する際、使用料を支払わなければならない。施設を自分で持つことも検討されてよいだろう。株式会社なら、出資を募るという方法もある。しかし普通、株式には議決権が伴うし、議決権のない配当優先株は発行限度に制約がある。

3 プロジェクト・ファイナンスと証券化

プロジェクト・ファイナンスとは、返済の原資を当該の投資案件からのキャッシュフローに限定する手法である。この方法を用いる目的・ケースは、第一に、その事業のリスクが高い場合である。すでに述べたように、通常の融資では、債務者が全体として返済義務を負うので、ある事業でお金を借り、これが返せなくなった場合は他の事業のキャッシュフローや資産売却によって返済しなければならない。これに対して、プロジェクト・ファイナンスでは、返済義務は他の事業や債務者全体に及ばないのが原則である。

第二の目的は第一と逆に債務者の信用が低い場合である。たとえば、ある企業が新しいビジネスを始めて収益を得たいと考える。しかしその企業は過去の経営の失敗によって財務状況がよくないので、お金を借りようとしても借りられないか金利が高いというようなケースである。

プロジェクト・ファイナンスに類似の手法として証券化（セキュリタイゼーション）がある。米国では不動産投資、映画制作などで一般的に用いられているものである。コンセプトとしては、事業に投資する際、その資金を会社が借入や増資で調達するのではなく、その事業の将来のキャッシュフローによる支払を約束する証券を発行する。これは社債と同じように償還されるが、返済原資がその事業に限定されている点が特徴である。英国の歌手のデビッド・ボウイは、自分の将来の音楽活動からの返済を前提とする証券で資金を調達している。類似のものとして、日本にはアイドル・ファンドがある。タレントに投資し、これが「大化け」して高い収入を得た場合は投資家に分配される。

3・資金供給者の類型と審査プロセス

本節では資金供給者（債権者、投資家）を概説する。そしてそれによって、彼らから見てスポーツ組織とはどのような存在なのかを検討することにしよう。

1 民間の銀行等

銀行等と「等」をつけたのは、信用金庫、信用組合を含むためである。この二つの業態は、株式会社形態ではないが、事業内容は銀行と変わらない。以下の記述では煩雑さを避けるため「等」を外すこととするが、これらの業態も想定している。

(1) 自己査定と債務者格付

すでに述べたように、銀行とは預金を集め、これを融資する企業である。融資以外にも有価証券への投資などを行っているが、本業は融資だと言ってよい。融資に際しては審査を行う。貸してよいかどうか、金利はどの程度とするかを決定することが目的である。このプロセスは「自己査定」と「債務者格付」によって、体系的に——悪く言えばやや機械的に実施されている。

自己査定とは、債務者の経営状況、資産状況などを評価し、あわせて銀行自身の会計上の処理に連動させるものである。債務者は「健全先」「要注意先、およびその中で問題ありと考えられる要管理先」「破綻懸念先」「実質破綻先」に区分される。実質破綻先は、倒産はしていないがそれと同様の状況である。そして銀行は、この区分に応じて、それぞれの貸出先への貸出残額の一定割合を引当金として損益計算書の費用に計上しなければならない。たとえば、財務状況のよくない企業に利率5％で2000万円を融資し、期末の融資残高が1000万円であったとする。1年間に銀行が得る利息収入は１００万円程度だったはずである。これに対して、この企業に対する引当率が15％に定められているとすると、銀行はこの企業に融資しているだけで、１５０万円を引当金に計上しなければならない。このため、損益計算書上は50万円のマイナスになるのである。

念のために言えば、引当は毎年追加的に行われるわけではないし、融資残高が返済によって少なくなれば、引当金も減額する。これはマイナスの費用であり、損益計算書上では収益を押し上げることになる。したがって、貸出先の企業が予定どおりに返済してくれれば、引当金を計上するにしても銀行には実質的な損失はないのだが、財務状況のよくない企業に融資すれば、当初は銀行の決算を悪化させる。貸出先が破綻懸念先か実質破綻先になると、銀行は予想される回収不能額をすべて費用に計上しなければならない。

債務者格付は銀行の貸出先管理を目的とする点は自己査定と同様であり、業務としては両者には重複するところもある。債務者格付は自己査定とは異なり、損益計算書に連動するものではなく、主に貸出金利の決定に用いられる。10段階前後の区分とすることが一般的である点も、自己査定と違う点である。債務者はそれぞれの区分にあてはめられ、同じ区分に属する企業群が、経験的にどの程度の返済を実現してきたかに基づいて貸出利率を算出する。したがって、10社中9社が予定どおり返済を実施しても、残る1社が倒産して返済できなかった場合には、その区分に属する企業の利率は高くなる。低い区分では、利率の理論値がきわめて高くなっていることも多い。その場合は銀行と企業が利率について合意し得ないので、貸出は見送られることになる。

(2) 与信枠とローン・コミットメント

融資には短期と長期があり、法人に対する銀行融資の基本は短期融資である。年2回の賞与（ボーナス）、期末の支払などで、企業の資金需要の量は頻繁に変動する。ただし、これらの変動は定期的・循環的であり、予測可能である。このため、資金需要が生じるつど審査をしていたのでは業務の効率が低下するので、銀行は個々の企業について貸出限度額を設け、いったん審査が済み、その後格付が低下していない企業に対しては、比較的簡単なプロセスで融資を行っている。この限度額を与信枠と通称している。ただし、この枠は企業の権利ではなく、銀行内部の取り決めなので、銀行はいつでもこの枠を解消することができる。とはいえ、企業からみると、与信枠の範囲でお金を借りられるという前提で資金計画を策定できるというメリットがある。

与信枠を企業の権利にするのがローン・コミットメントである。企業は利用していない与信枠（貸出上限額－借入額）について一定割合で手数料を支払う。

(3) 銀行からみたスポーツ組織

では、銀行にとって、債務者としてのスポーツ組織にはどのような特性があるのかを検討してみよう。

①顧客特性

銀行からみた場合、貸出先がどのような顧客（取引先）から収入を得ているのかというのは、とくに重要な点である。個人からの入場料収入は、プラスに評価されるものである。この理由は支払が確実に行われ、企業と違って倒産がないことによる。収入規模もおそらく安定している。たとえば、前年に比べて入場料が30％下がるというのは、競技の回数が同じだとすると、あまり考えられないことである。もちろん例外もある。１９９０年代後半以降、ゴルフ場の入場者は著しく減少した。ただしこれは、入場者は個人であっても、費用（会員権、プレー代金）を負担していたのが企業であったことによる。米国の４大スポーツや欧州のプロサッカーは、法人企業と年間契約することによって多くの入場料収入を得ている。これ自体は成功モデルではあるが、景気や企業業績によるリスクもあることを認識しておかなければならない。

スポンサー収入は、右のような理由によって、実質的なリスクの高いものである。これにも例外があって、優良ないわゆるオーナー企業がスポンサーになっている場合にはリスクが小さい。しかしそうでない場合、支出されているのは広告宣伝費なので、スポンサー企業が経営不振になった場合、あるいは健全であっても、より効果的な広告手段を選択しようとする場合にはスポンサーが降りるというリスクがある。またしたがって、スポーツ組織のスポンサー料や協賛金、あるいは競技場のネーミングライツ等について複数年契約をすることは、その組織の経営を安定させるだけでなく、財務上の信用力を増す手段ともなるのである。

協会のような競技団体の収入は安定していることが多い。競技人口が激減しなければ、登録料などに大きな変動がないためである。ただし、協賛金に期待するような事業を展開する場合は状況が一変する。大相撲の経営が安定しているのは、おそらく、協賛金収入をほとんど得ていないためである。

②事業特性、資金使途

貸出先がそれまで継続的に実施してきた活動について運転資金が必要だという場合には、銀行にとってリスクが小さい。とはいえ、継続的な事業について、なぜ急に資金需要が生じるのかについては説明が必要だろう。

リスクがあるのは、新たに実施する事業の場合である。たとえば国際大会の開催国になる、海外に長期遠征する、あるいは施設を自前で整備してスクール事業を始めるなど、事業経験のない活動については、的確な収支を予見することが難しい。

逆説的だが、スポーツ組織に限らず、資金需要が発生するということはリスクの高い状態になることを意味しているので、資金の貸し手からみると、貸しにくい状態になるということである。とはいえ、リスクのない企業には資金需要もない。その意味では、銀行というのは事業会社と同様、リスクテイクを行う業種だと言うことができる。

2 政府系金融機関、地方自治体

政府系金融機関は、制度の理念上は、民間の銀行が参入しにくく、かつ政策的に必要と思われる分野で事業を行うことを目的とするものである。たとえば、今となっては信じられないことだが、かつての銀行は住宅ローンを取り扱おうとはしなかったので、住宅金融公庫という政府系機関に大きな意義があった。

株式会社は理念や政策によって存在するものではないので、環境変化に伴って事業内容を変えていく。三菱レイヨンという企業は、もはやレイヨンを生産していない。東レの「レ」もレイヨンのレである。政府系機関や公益法人、宗教法人などは、理念や政策に依拠するので、使命を終えたり、使命そのものが消えた場合には存続意義もなくなる。とはいえ、雇用者は保護しなければならないというのが制度上の二律背反問題になっている。政府系金融機関も民間の補完を目的とするので、銀行の事業内容が変われば補完の内容も変容ないし縮小することになる。

このような経緯で多くの政府系機関が統合され、金融分野も例外ではないが、産業構造をみると、先進国の中ではイタリアと日本の中小企業比率がとくに高い。またすでに述べたような会社法施行等の一連の制度改革によって、小さな会社は増えていくものと思われる。したがって、政策は再度変わらなければならないのかもしれないが、巨大なものは動き出すと急には止まれない。その意味では、中小企業金融は現在、補完者を欠いた、産業組織的には不全の状態にあるように思われる。

とはいえ、国や地方自治体による補完的な資金供給は残っている。地域産業の発展に資するような資金需要等、政策目的にかなうものであれば、銀行から借りるよりよい条件で融資を受けることが可能である。融資の限度額はあまり高くないが、たとえば地域密着型のスポーツ組織であれば、政策金融に適合している。

3 ノンバンクと信用金庫・信用組合

日本の制度では、貸金業という業態が規定されている。銀行との違いは、預金を集めないことである。預金以外の方法（具体的には銀行からの融資や社債の発行など）で資金を調達するので、調達コストは銀行より高く、結果として、銀行では借りにくい、信用力の低い企業に融資する。貸出金利も、必然的に銀行より高くなる。銀行の中にはノンバンクと提携し、自行で貸せない顧客を紹介する例もある。

ノンバンクの審査の原理は銀行と変わらない。とはいえ金利は高いので、銀行が貸してくれないなら、別の銀行、あるいは信用金庫や信用組合に融資を依頼するほうが合理的である。これらの業態は地域内の中小零細企業に対する比較的少額の融資を行っており、自己査定や債務者格付のルールは銀行と同様だが、銀行と競争しているので、地元密着→地元企業に対する審査と経営指導の優位性→債務者のリスク拡大の抑止→低金利――というビジネスモデルを持っていることが多い。換言すれば、債務者格付という統計的手法より、地域での情報優位による「目効き」で返済可能性を検討している。したがって、返済が確実であれば財務に多少の問題があっても融資が行われる可能性は銀行より高いのである。

4・担保と信用保証

❶担保

借入れを行う際、担保を設定する場合としない場合とがある。担保とは、債務者が返済不能となった場合に債権者が取得するものである。土地などの不動産、生産設備などが典型である。企業が複数の金融機関から借入れている場合には、これらの機関が同一の資産を担保にしていることも多い。その場合は、順位があらかじめ定められている。たとえば、換金価値が1億円の不動産を担保にしている銀行が二つあり、1位の銀行の貸出額が2000万円、2位が5000万円だったとすると、返済不能時にこの担保が売却され、まず1位の機関が2000万円を回収し、2位の機関が残金から回収する。不動産は価格が低下することもあるので、順位が低いと、それだけ回収リスクが大きくなる。

中小企業では、企業の所有物だけに限らず、経営者の個人資産が担保になっている場合も多い。この理由は、企業の中には、銀行からお金を借り、これを報酬などの形で経営者個人に移すか、あるいは同じ人物が経営する別会社に支払い、借入れをした会社を計画的に倒産させるという、一種の犯罪があり得るためである。計画的でないにしても、会社が倒産しそうだということになればそうしたいという気持ちになる人は少なくないだろう。また一般的には、小さな会社では個人資産と法人資産の区分が実態として明確でないことも多い。個人の所有物である店舗兼住宅で小売業を営んでいる場合などである。このような小売業には資産がないので、個人所有の建物とその土地が担保になる。

近年では、債務者が持つ売掛債権を担保の代替とする融資も行われるようになってきている。たとえば、債務者である企業Aが、納入先Bに製品を販売する。支払予定日は翌々月の15日である。B社が信頼のおける会社であり、支払ってくれることが確実なら、銀行はB社からの支払を返済に充てることを条件としてA社に融資する。一種のプロジェクト・ファイナンスである。担保にするような資産が少ない会社にとっては、有効な資金調達手法だといえるだろう。

2 個人保証

(1) 個人保証の意味

担保と同様に設定されるのが経営者による個人保証である。企業が借入れた資金を返済できない場合、たとえ担保があっても個人保証契約をし、経営者が返済義務を負うことが、民間の金融機関の融資では一般的に行われている。理由は担保設定が経営者の個人資産に及ぶことと同じである。これは銀行にとって都合のよい制度に見える（実際にもそうである）が、こうしておかないとモラル・ハザードが生じ、一部の企業の倒産で他の健全な企業に対する貸出金利が上昇するという不都合が生じる。個人保証は、このような問題を抑止する手段になっている。

(2) スポーツ組織の法人化と個人保証

このように、銀行からの借入れに際して個人保証が一般的な慣行であるとすると、スポーツ組織の法人化について、議論しておくべき点が二つ生まれることになる。その第一は、法人化しても経営者(代表者)責任が実質的に軽減されないという点である。第二は、ファミリービジネス(生業、家業)ではないスポーツ活動について、経営者の個人保証が果たして妥当かどうかという点である。

まず第一の点について。いわゆるNPO法が成立した際、法人格を持つことのメリットの一つとして言われていたのは、法人そのものが契約の当事者になれるという点だった。銀行などからお金を借りるのも契約であり、任意団体ではその団体の代表が債務者になっていたが、法人化すれば代表個人は債務者にならないで済むということであった。

しかし、たとえ契約の当事者ではないとしても、銀行から法人が借入れる際の保証を行うのだとすると、代表者は債務というリスクから切断されるわけではないということだ。債務者と保証人という違いはあるものの、実質的なリスクは、実は変わらないのである。この点は、法人がNPO法人でも株式会社であっても変わらない。というより、株式会社ではほぼ例外なく、代表者が保証人となる。これに対してNPO法人や社団法人では、銀行から債務保証を求められる場合、理事あるいは社員がたとえば均等に債務を保証するということもできる。とはいえ、社員全員の同意を得るのは時間がかかり非現実的なので、選択肢は理事による共同保証、ないし代表者による保証ということになる。

またここで留意しなければならないのは、このような保証人は、役職によって保証するのではないということである。したがって、理事の任期が満了して退任したとしても、銀行から保証人の変更を求められることはない。もしその法人が「理事が保証人となる」という前提を持っているのなら、新任の理事に対して、就任に伴い保証人となることが必要であることが知らされるべきだろう。そしておそらく、新任の理事に保証人になることを求めることによって、理事の選任は難しくなるはずである。さらに言えば、理事長が全額個人保証をしているとすると、理事長の交代は難しく、いわゆる長期政権となり、組織は機能しなくなる。理事長が個人保証を負ったまま退任し、新任の理事長に負担をかけまいとすることもあるだろう。しかし、これでは経営に関与しない個人が法人の債務を保証するという不自然な状態となるのである。

このように、公益的な法人では、第二の問題、個人保証による問題が顕在化しやすい。そもそも、企業の経営者が個人保証というリスクをなぜ負おうとするのかといえば、事業活動の対価として報酬を得ているからである。換言すれば、リスクにふさわしいリターンがある。経営者がもし保証を拒否したとすると会社は倒産し、経営者は収入を失う。あるいは、担保や保証を必要としない、金利の高い融資を受けることになる。要はリターンと低い金利コストを求めるがゆえに、個人保証や個人資産担保というリスクを負おうとするのである。

これに対して公益法人の場合は、保証というリスクに見合うリターンはない。中には、自身の名誉、あるいは事務局職員の雇用確保を目的として――つまりリターンとしてリスクを負う代表者もあるかもしれない。とはいえ、これらは個人にとっての経済的な動機ではないので、そもそもリスクと釣り合うことがない。そうしたいという意思を持つ人がいればそれでもよいのかもしれない。寄附のようなものと考えることもできる。しかし、このような慣行が法人経営に関与しようとする人材の選択肢を狭めることは間違いないのである。

では株式会社についてはどうか。スポーツに関わる会社を考えるなら、明らかに「業」として――すなわち収入を得るために実施されている会社とそうでない会社とがあるといえるだろう。前者の典型は、フィットネス・クラブ、テニススクール、ゴルフ場等々である。

プロサッカーについては、31（２００７年シーズン）クラブのうち、株式会社が30社、残る１クラブは山形で社団法人である。30の株式会社の中には、親会社がメインスポンサーでもあり、資金調達について独立企業ほどの苦労のない会社も含まれている。一方で、大規模な親会社を持たず、独自に資金調達を行わなければならないクラブもある。そして、いずれのクラブも、収益を目的としていないという点が特徴として共通するところである。換言すれば、これらの会社は生業ないし同族会社としての特徴を欠いている。その意味において、公益的な性格の株式会社が多いのである。そのような会社の経営者に、借入れに際して個人保証を求めるのは、おそらく、クラブ運営会社の趣旨にそぐわないことであるといえるだろう。経営者は、クラブ会社の株式をほとんど、あるいはまったく保有していない。その意味でも、彼らはオーナーではない。ほとんど地域社会や地元財界の要請によって社長に就任している。したがって、そのクラブの健全経営が実現できれば自身の報酬は安定するかもしれないが、それ以外の収入機会がないという点では、立場は社団法人の理事長、あるいは上場会社のいわゆるサラリーマン社長と同じである。逆にクラブの中には、実質的に個人の資産家がオーナーかつ（あるいは）経営者になっているところもある。このようなケースについては、これらの人々がクラブに対して資金を供与したり、借入れを保証することがあっても許容されるだろう。

第6章 キャッシュフロー・マネジメント

1・キャッシュフローと損益の違い

まず二つの例から始めることにしよう。どちらも3月末までを会計年度とする組織を想定する。

【例1】３月に競技会を開催し、２００万円分の入場者があった。ただし入場券はコンビニエンスストアで販売されているので、お金が入ってくるのは4月15日である。またその時、コンビニエンスストアの販売手数料として20万円が差し引かれるので、実際の入金は１８０万円になる。

【例2】５月に予定している国内遠征の費用として、３月に旅行代理店に80万円を支払った。

例１の場合、３月末までの年度の収入（売上）として２００万円を計上し、費用として20万円を計上する。この二つとも実際にお金が動いているわけではないが、事業そのものは3月に実施されているのでこうなる。この時、同じ年度のバランスシートでは、資産に未収金200万円が加わり、負債に未払費用20万円が計上される。差額の180万円分については、資産が減少しているか、負債が増加しているか（あるいはその両方）である。

例2については、その年度の損益計算書（あるいは資産増減計算書）には反映されない。貸借対照表では、80万円が買掛金（先払）として資産に計上される。この80万円も、他の資産の減少と負債の増加によってバランスすることになる。

確認しておきたいのは、事業収支は、現金の動きとはかならずしも連動しないという点である。というより、ほとんどのビジネスは現金の授受を伴わない。例外は、小売店で顧客が現金でものを買う場合、競技会で入場者が当日券を現金で買う場合などである。法人間、団体間の取引では、まず例外なく請求書が発行され、これに基づいて請求者の銀行口座にお金があとで振り込まれる。

黒字倒産というのが以前はよく見られた。たとえば製造業で、製品に人気があってよく売れる。買うのは卸売業である。この卸売業からの入金は2ヶ月後だが、従業員の賃金と原材料費、物流費は当月か翌月に支払わなければならない。結果として支払資金が不足し、取引先に支払ができなくなると倒産である。企業は現金がなければ存続できない。

このような現金管理を資金繰《ぐ》りという。支払資金が不足しないように注意を払い、必要に応じて資金調達を行う。資金調達ができなければ給料の遅配、支払延期の要請、入金の前倒し等を要請することになる。

資金繰りに関連して、とくに問題となるのはデフォルト（債務不履行）である。たとえば協賛金200万円を受け取る契約をし、その企業の名前の入ったユニフォームをつくる。つまりコストをかける。しかしその企業が倒産する。あるいは支払うお金がないといって払わない。

支払にサイト（請求書発行から支払までの期間）があるような取引には、程度の差こそあれこのようなリスクがかならずある。ふだんはあまり顕在化しないだけである。同じように、遠征費用を前払いした後で、相手の旅行代理店が倒産することもあるだろう。これもデフォルトである。

ファイナンスの世界では、リスクは期間が長くなるほど高くなる。もちろんそれ以上に、現金の入金が遅く、支払が早ければ、組織が資金不足に直面することとなり影響が大きい。これをどうコントロールするかが課題である。

2・スポーツ組織のキャッシュフローの特性

1 固定費と変動費、収入の予見可能性

損益分岐点の項で述べたように、コストには固定費と変動費とがある。実は、両者の境界はあいまいである。たとえば、年間10試合を開催することが決まっている場合、競技場使用料は固定費で

ある。しかし、開催回数が変動するなら、変動費とみなされなければならないだろう。では収入のほうはどうか。確実に入ってくる収入と、金額が大きく変動する収入という区分はあるのだろうか。

確実な収入というのは、ないこともない。典型は定期預金の利息収入である。しかし、これ以外の収入は、実際に事業をやってみなければ、果たしていくら入ってくるのかわからない。前述のように、入場料やファンクラブの会費などは、ある程度の収入が読めるかもしれない。とはいえ、それらも未来に属している以上、リスクを有している。

2 スポーツ組織のキャッシュフローの特性

もう一つの観点は、収入と支出がいつ発生するのかという点である。給与やオフィスの貸借料は毎月かならず支出される。これに対して収入の源となるビジネスのほうは「毎月平均的に実施されているわけではない」「入金は事業活動より遅れる」という特徴がある。コストが収入に先行するというのは、スポーツ組織に限らず、事業活動の一般的な特徴であるが、とくにスポーツ組織がキャッシュフローに注意を払わなければいけないのは、以下のような事業特性、コスト特性を持つことが多いためである。

①コストに占める人件費比率が高い。
②前払費用が多い。
③前受金収入が少ない。

2月	3月	通年

3・月次計画の重要性

損益計算書、貸借対照表などは、年に1回作成されるものである。上場企業は四半期決算を行うようになっているが、公益法人の決算は年度に1回であり、中小企業も同様である。これに対して資金繰りは資金の過不足を確認する手段であり、1日――極論すれば一瞬でも支払資金が不足するようなことがあれば会社は存続することができない。このため、資金繰り計画は通常月次のものが作成され、もし計画期間中の特定の月に資金不足が予見されるなら、1日単位の過不足を確認することになる。基本例は表11のとおりである。

表 11　資金繰り表の例

		4月	5月	6月
営業収入	入場料収入			
	シーズンシート収入			
	協賛金収入			
	物品販売収入			
	スクール事業収入			
	ファンクラブ会費収入			
	その他			
	合計（A）			
営業支出	チーム人件費			
	試合運営費			
	チーム運営費			
	物品原価			
	フロント人件費			
	物件費			
	その他			
	合計（B）			
営業収支（A－B）＝G				
営業外収入（E）				
営業外支出（F）				
経常収支（G＋E－F）＝H				
財務支出	X銀行借入金返済			
	Y銀行借入金返済			
	合計（C）			
財務収入	X銀行借入			
	増資			
	その他			
	合計（D）			
当月収支（H－D＋C）＝J				
前月繰越（K）				
翌月繰越（J＋K）				

通常の事業活動では、収入がいつ入ってくるのか、支出がいつ行われるのかというのは、あらかじめわかっている。翌月については、入出金それぞれの額がほぼ確定している。これに対して、2〜3ヶ月先については、入出金のタイミングは確定しているが、収入がいくらになるのか、あるいはいくら支払わなければならないかが決まっていないものの割合が増加する。さらに先になると、入出金の時期が確定しないものが増えていく。したがって、月次の資金繰り計画は、翌月は正確だが、先になるほど不確実性が増す。つまりリスクが高くなる。このため、計画は年初にだけ作成するものではなく、毎月、前月の実績を反映するとともに、翌月以降の入出金について、期間が近くなっただけ情報の精度が上がるので、これを反映した計画に修正する。これを毎月繰り返していくということである。時間が経過しても精度が上がらない入出金はリスクが大きい。

4・キャッシュフローの改善策

一般企業にせよスポーツを行っている組織にせよ、収入を増やしたりコストを下げるには膨大な努力やアイディアを必要とする。これに対して、手持ちの現金や預金を増やす――換言すれば、なるべく資金調達をしないで済むようにするための方法は、単純なものである。もちろん、相手のあることなので努力を必要とするが、方法そのものは限られている。要は支払をなるべく遅くし、入金を早めることである。

1 入金を早める方法

収入を早くに得る方法としては次のようなものがあるだろう。

(1) シーズン・チケットと前売券

1年間の試合数があらかじめ決まっている競技なら、シーズン・チケットの販売が可能である。要は前売りなので、一回あたりの価格は、試合ごとに購入するより低く設定されているのが一般的である。「一般的」としたのは、そうならない例もあり、例外というには重要だからである。この議論はファイナンスというよりマーケティングなのだが、時間とリスクの関係に関わるものなので、簡単な解説をしておきたい。

航空機のチケット価格は、二つの原理によって設定されている。原理1は、出発日が近づくほど価格が下がるというものである。1週間前に予約する人は、何かの理由でその便に乗りたいと考えているので定価でよい。しかしそのような利用者だけでは座席が埋まらないとすると、「他の航空会社の便を利用するつもりの人」「自社の他の時刻の便を利用するつもりの人」「鉄道を利用しようと考えている人」を対象に想定して、価格を下げて販売する。航空機は、20人余計に搭乗してもそれほどコストが上がるわけではない。固定比率が高いのである。それなら、座席に空気を乗せて飛ぶより、価格を下げても人間を乗せたほうが収益が増す。これを原理Aとしよう。

一方で、日本の航空会社は、いわゆる「早割」を行っている。1ヶ月以上先の便を予約すると価格が低い。そのかわり便の変更はできない。ロジックは前売りと同じである。これを原理Bとしよう。

なぜ原理AとBが同時に使われているのか。これは座席数との関係による。もしある航空会社の便で、特定の目的地へ行くものが、ほとんど間違いなく前日に予約してもチケットが買えると考えられているとすると、あらかじめ定価で買おうとする人がいなくなってしまうはずである。これを防ぐためには、早めに座席の予約率を上げておき、前日に販売される低価格のチケットの枚数を少なくしておく必要があるのである。

スポーツにおいて（あるいはコンサートでも同じだが）前売券を買おうというのは、どうしてもその試合、競技会を見に行きたいと考えている人で

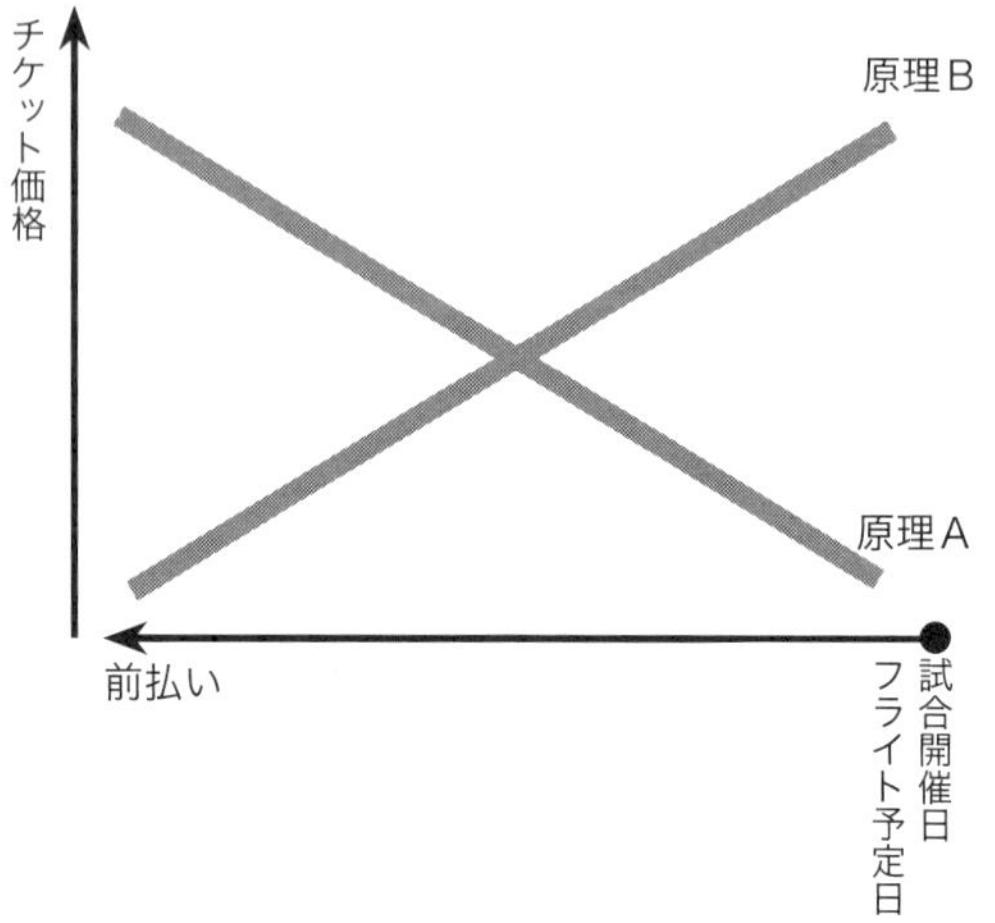

図6　時間とチケット価格の関係についての2つの原理

ある。もしそうだとすると、このような人にチケットを販売するのに、価格を低くする必要はないだろう。原理Aである。しかし、競技場の収容者数に比べて、予想される入場者数が少ないとすると、たとえ絶対に見たいと思っている人でも、当日券を買おうとするはずである。そしてそうだとすると、その人は何かの事情で観戦に来ないことも考えられる。だから前売券の価格を下げて販売する。原理Bである。

すなわち、原理AとBのどちらを適用できるかは、空席率によるのである。空席率が低ければ原理Aである。これに対して空席率が高いと予想される場合は原理Bになる。私が最近訪問したドイツのブンデスリーガ2部のサッカーチームの場合は、よい席が前売りで定価で完売になる。価格を下げる必要がないのである。どうしても見たいファンは、高くても前売りを買う。

シーズン・チケットは、前売りのさらに前売りである。前述の原理A、Bの議論にしたがうなら、人気があって競技場がいつも満席になるようなチームなら、前売券よりさらに価格が高くてもよいかもしれない。しかし実際にそうなってはおらず、人気のあるチームでもシーズン・チケットはかなり割安である。これはマーケティング上の理由による。要はシーズンを通した固定客を持つことが重要なのである。スペインのFCバルセロナのシーズン・チケットは、何年か待たないと購入の順番が来ない。それでも待つ人は、チームにとって貴重である。もちろん、シーズン・チケットは収入の前倒しと確定に貢献する。この点は、満席にならないチームにとっても同様である。

（2）ファンクラブの会費等の前払いの優遇

ファンクラブなどの年会費は、原理Bの典型である。会員数にはおそらく上限がないからである。したがって具体的には、3月末までに年会費を支払えば割安になる、あるいは限定グッズがもらえるといったインセンティブを付与することによって収入の前受けを企図すべきである。

（3）前払い期限の早期化

競技団体の登録料、あるいは傘下団体からの会費、研修会費、検定料などは典型的な前受型の収入であり、財務基盤の安定にも貢献している。これらについても、可能であれば入金を1ヶ月前倒しにすることができれば、団体の資金繰りは改善されるはずである。

（4）協賛金・スポンサー収入の入金時期の確定と早期化

スポーツの協賛やスポンサードについては、資金繰り以前に価格交渉が重要である。相場がないビジネスなので、高価格を提示してくれるスポンサーの獲得が優先する。とはいえ、契約の締結に向けて、あらかじめ支払時期が合意されていることが重要だし、なるべく早いタイミングでの支払とすべきである。支払時期を複数に分けるのでもよい。

これには二つの理由がある。第一は、スポンサー収入は総収入の中で高い割合を占めることが多いので、ある程度の額の先払いがなければ現金支出をまかなえないことが多い。第二に、スポンサーによってはデフォルトの問題がある。とくにスポンサーの権利が排他的なものであり、そのスポンサーとの契約によって他のスポンサーとの追加的な契約が制約されている場合には注意が必要であろう。たとえば、ユニフォーム、競技場の看板、パンフレットの掲示スペースは、物理的に排他性がある。また一つの業種について複数社と契約できないというような制約のある場合がある。

スポンサーになるのは企業であることが多いが、企業は一般的に資金繰りに厳格である。したがって、支払を前倒しにすることにはリスクとコストを意識する。ただし逆に、その前倒しが合理的なものであれば、すなわち、そうしなければ経費が支出できない等の理由があれば、企業は検討する余地を持っている。また企業の中には、未払金を多く持つことを好まない方針のところもある。逆に支払資金については可能な限り遅らせようという大前提から交渉を始めることが社内慣行になっている会社もある。多いのは、支払サイトが統一されている企業である。これを相手に変更させるためには、相手にも決済が必要になるので、合理的な説明を行わなければならない。

2 支出を遅らせる

支出を遅らせることの効果は、入金を早めることと同じである。原則は、

- 請求書を受け取ってから支払う
- 請求書は取引が完了してから受け取る

の2点である。相手によって例外もあるが、要は前払いを極力抑制することによって資金繰りが改

善される。個別の交渉は難航するので、あらかじめ支払サイトについてのルールを定めておくことが望ましい。

例として、収入の2分の1について入金が1ヶ月早まり、支出の4分の1について、支払が1ヶ月遅れるケースの影響を試算してみよう。年間収入＝支出＝120（つまり利益はゼロである）とすると、1ヶ月分の収入と支出はそれぞれ10なので、資金繰りは収入について5、支出について2・5、合計7・5改善されることになる。7・5は120の6・25％である。すなわち。収入を増やさずに、収入が6・25％増加したのと同じだけの資金的余裕が生まれている。というより、実質的な効果はもっと大きい。なぜなら、この7・5は手持ち資金の純増だからである。売上が7・5増加しても同額の支出を伴うなら資金状況の改善はないからである。資金繰りによって、原価リスクや事業リスクなしに財務状況が大きく改善されるのである。

第7章 財務管理

1・管理会計

企業などの組織が実施する会計上の手続き、業務は、財務会計と管理会計とに大別される。財務会計については、統一的な会計基準に即して行われ、決算書に直結する。これに対して管理会計は企業が内部管理上の目的から実施するものであり、統一的な基準もなく、実施するかどうかも任意である。具体例のほうがイメージがわきやすいと思うので以下にいくつかを示す。

- 工場が作った製品を営業部門が販売する場合、工場は営業部門に製品をいくらで売ったことにするのか
- 事業部門A、Bがあったとして、この二つの部門は、経営者の報酬をいくらずつ負担していることにするのか

といったものが、管理会計の典型的なテーマである。

同じ会社、グループの中なのに、このように面倒なことを行うのには、二つの理由がある。第一は、活動の効率性（企業なら収益性や採算）を把握したいからである。非効率な事業を拡大すれば収支は悪化するだろう。第二の理由は、とくに公益的なスポーツ組織においては、収入と支出との関係が重要だからである。このような理由から、管理会計では、一つの組織（法人）の中に、複数の組織があるように収支を計算する。

1 事業ごとの成果の把握と評価

まず第一の点であるが、すでに述べたように、スポーツ組織の大きな特徴の一つは、収支規模の割に、多様な事業を実施しているという点である。そしてそうだとすると、個々の事業の効率性は、それぞれ異なるはずである。したがって、これを把握しておけば、

- どの事業が拡大すれば収支が改善されるのか
- どの事業が収支を低下させているのか

などが明確になる。

収支だけでなく、キャッシュフローについても同様の把握と評価が可能だが、議論を単純にするために、以下では収支だけを取り扱う。

（1）相撲協会の事業別収支

大相撲を例にとれば、その主な事業収入は第3章で述べたように「本場所収入」「地方巡業収入」「国技館の貸館収入」「博物館入場料収入」「広報事業収入」である。効率性を評価するためには、それぞれについてコストを把握できなければならない。具体的には、

・本場所収入のコスト

国技館以外の本場所会場の貸借料、チケット販売手数料、力士などの人件費、旅費（地方開催の場合）

・地方巡業収入のコスト

勧進元が全面的に興行を代行しているとすると仮定するなら、力士などの人件費以外のコストは小さい。

・貸館事業収入

国技館の貸館事業の職員の人件費、国技館の維持費や減価償却費

・博物館収入

所蔵品の購入費や管理費、人件費、建物のうち占有している部分があればその減価償却費

・広報事業収入

カレンダーやパンフレットの制作費、（おそらく支払っていないと思われるが）力士のギャラ

厳密性を追求するなら、国技館で本場所を行う場合は、「貸館事業」から「本場所事業」に対して、

国技館を仮想的に貸してもよいだろう。また、力士などの人件費を本場所と地方巡業とでどのように配分するかというのも管理会計上のテーマになる。さらに本場所については、場所別の採算を算出することも可能である。とはいえ、管理会計には経営上の意味や意義がなければ、細かく把握する必要はない。総じて言えば、大相撲は事業別の効率性を比較的把握しやすいといえるだろう。

(2) プロサッカーの事業別収支

プロサッカーの場合は、このような把握が難しい。理由の第一は、サッカーの試合の開催という一つの事業について「入場料収入」「スポンサー収入」「リーグからの配分金」があり、この3種類で収入の大半を占めているからである。コストで最も大きいものは選手や監督等の人件費であり、これ以外に移動費、試合開催費（競技場使用料、警備費など）、キャンプ費用などがある。入場券販売手数料、スポンサー獲得手数料（広告代理店などに依頼している場合）もコスト（原価）である。この例からわかるのは、事業収入とコストはそれぞれ把握が可能だが、どの収入のコストがどれなのかというのがはっきりしないということである。

換言すれば、プロサッカーについては「興行事業」の収支を把握することは可能である。しかしその収入は、3種類の主体からもたらされる、それぞれ性格が異なるものである。結果として、この事業の効率性は、結果としては把握できるかもしれないが、効率性を改善する手段は明確ではない。あり得るのは、（リーグからの分配金は所与であり各クラブの努力によって変化しないものだとすると）入場料収入を増やすか、スポンサー収入を増やすかのいずれかだということになる。

参考までに言えば、このような事業特性は新聞や雑誌に似ている。購読料収入と広告料収入とがあるからである。

2 収入と支出の関係の明確化

第二の観点の例として取り上げるのは、まず、全日本スキー連盟である。この団体の収入科目も第3章で取り上げたように多様なのだが、その内容はいくつかに類型化することができる。スキー連盟は財団法人なので、そもそものビジネスモデルは、出損された基本財産の運用益で事業支出をまかなうというものである。事業規模が拡大した場合には、団体の理念に賛同する個人や法人からの会費や寄附金を事業費に充当する。

ところで、すでに述べたようにコストは直接費と間接費に区分される。そして、財団法人のビジネスモデルとは、運用益によって、間接費に加えて事業費もまかなうというものである。間接費という概念が管理会計上明確に意識・設定されていない団体も多い。要は運用益ですべてを支出するというのがビジネスモデルである。現在の日本は金利が低いので、運用益はきわめて小さい。このため、会費や寄附金を（もしその寄附金の使途が指定されていないものであれば）間接費に充当することになる。残念だが対処としては妥当である。

スキー連盟の収入としては、次に登録料がある。競技団体に一般的に見られるものである。では、競技者はなぜ登録料を支払うのか。その理由は、競技会への出場資格を得るためである。協会や連盟は、登録者を審査するとともに、出場・成績の記録管理を行うことによって、登録された選手の競技会への出場資格を判定する。そこには活動（アクティビティ）がありコストがある。このコストを運用益や会費、あるいは寄附でまかなってもよいのだが、もしこれらの収入が少ないのなら、受益者負担の原則によって、連盟は対価を得ることが妥当である。このため、登録料が許容される。そしてもし、運用益、会費、寄附を合計しても間接費をまかなえないとすると、その団体は事業収入の一部を間接費に充当しなければならない。スキー連盟の例を続けるなら、登録料の一部が間接費になるということである。公認料や検定料も、登録料と同じ性格を有している。すなわち、団体の収入が少ないという前提があり、受益者負担原則が採用されるとともに、収入の一部が間接費支出に供されるということである。

では、登録料収入は検定コストに供されてよいか。あるいは検定料収入に余剰が出た場合、これを公認のためのコストに回してよいかといえば、これを肯定する論理はないものと思われる。

スキー連盟の収入には、競技会の協賛金がある。競技会は、とくにアマチュアの場合、参加する選手から参加費を徴収することも多い。これで不足する場合には、前述の登録料の一部が充当されることも合理的である。一般的に、競技団体はその競技の普及と競技水準の向上を事業目的としている。登録料を競技会費用に充当するということは、競技者が全体として費用を負担して、競技水準の向上を目的とする大会の支出をまかなうということになる。

協賛金が協賛者のコスト（費用）として支出されているとすると、団体は協賛者に見返りを供与しなければならない。要は経済取引である。しかし、運よく、予定より協賛企業が多かった等の理由によって、その競技会の収支が大幅な黒字になった場合、団体はこの黒字を、たとえば日本代表の強化合宿費用に充当してよいだろうか。結論は、簡単に言えば微妙なところがある。この団体の事業目的に照らし考えるなら、代表強化は競技水準の向上そのものなので問題ない。しかし競技会の協賛者は、競技会の開催に伴うスポンサー・メリットを目的としてお金を出しているので、この目的に即した支出を求めるだろう。また、日本代表には別の協賛者がついているとすると、競技会の黒字を代表強化にまわすということは、競技会スポンサーの資金で日本代表のスポンサーにメリットを供与することになってしまうのである。さらにいえば、この2種類の協賛者が互いに競争している同業者だとすると困ったことになるだろう。

このような問題を回避し、競技会の黒字を代表強化に充当するためには、第一に、あらかじめ競技会のスポンサー・メリットが定義されている必要がある。つまり、販売される製品やサービスが明確だということである。それをいくらで購入するか（協賛金をいくら支払うか）は協賛者の任意なので、黒字が出てもその使途は団体の側で決定することができるだろう。第二に、安全のためには、大会の黒字は代表強化に充当する旨の表明があらかじめなされていたほうがよい。そうしておいて赤字になるのは、ちょっとみっともないことだが、黒字の可能性があるならそのような合意がなされていることが好ましい。

補助金は使途が限定されているのでわかりやすい。オリンピック強化補助、JOC交付金ともに、それ以外の目的に使うことができない。最後に、団体に対する協賛金についてはどのように取り扱えるのか。これについては、協賛者の意図次第である。団体の活動であれば何に供してもよいという条件の場合もあるだろうし、身障者スキーの普及に使ってほしいと言うこともあるだろう。取引なので協賛者の意図によって、使途が限定されることもあれば、包括的に使途を考えてよい場合もあるということである。

2・特別会計、あるいは会計の区分

1 公益法人が会計区分を必要とする理由

株式会社というのは、どのような事業によって収入を得て、余剰を生んでもよい存在である。また、その収入や余剰を何に使うのかも、株主が許容する範囲でとはいえ、基本的に自由である。しかし公益法人の場合は、収入と支出の関係は、株式会社と比べるとかなり厳格に管理される。一つの組織の中に、複数の会計区分を持つことが求められることも多い。たとえば、公益事業と収益事業の会計を区分する場合がある。この目的は、公益事業の余剰で収益（を目的とする）事業で発生した損失を負担しないようにすることや、それぞれについて（とくに収益事業について）適正な法人税率を適用することである。

より普遍的には、一般会計と特別会計という区分が設けられている。一般会計は、その法人の本来事業である。特別会計には、補助金や交付金によって実施する事業、定常的でない事業（大会のようなイベント）、収支とは区分された基金等に関する、あるいはこれから支出される事業等がある。

一般会計のほうは、その団体の言わば「本業」なので、なくなることはない。これに対して特別会計は、本業以外のものなので、環境の変化などによって会計区分（＝事業）として消滅することもあるという性格のものである。

会計の区分によって明らかになることの一つは、各会計間の資金のやり取りである。補助金や交付金の中には、事業費を全額提供するのではなく、その団体の支出に応じて交付するものも多い。この場合、特別会計の収入不足は、一般会計からの繰入れによってファイナンスされることになる。逆に、大会などイベント事業が余剰を生んだ場合には、会計処理としては一般会計に繰入れられる。とはいえ理想としては、一般会計は収支均衡であり続ける、つまり赤字体質でないことが望ましい。この理由は、余剰を生むことが期待されるビジネス（会計区分）には、リスクがあることも多いからである。したがって、一般会計の採算――とくに固定費が特別会計の余剰に依存し続けることは避けるべきである。一般会計の変動費に充当されているのであれば、特別会計の余剰が小さければ、本業の事業量を縮小して変動費支出を抑制することもできるだろう。しかし固定費はコントロールすることができない。

2 特別会計の例

具体的な会計区分の例を見てみよう。表12は財団法人日本バレーボール協会の決算資料である。

同協会は一般会計のほかに、

- ＪＯＣ選手強化委託事業特別会計
- スポーツ振興基金事業特別会計
- スポーツ振興くじ事業特別会計
- ＦＩＶＢイベント特別会計
- 競技会開催事業特別会計
- Ｍ＆Ｍ事業特別会計

という、６種の会計区分を設けていることがわかる。ＦＩＶＢは国際バレーボール連盟である。また、Ｍ＆Ａはマーケティング＆マーチャンダイジングの略であり、主な収入は協賛金である。

ここで留意する必要があるのは、それぞれの会計が、収支均衡を求めていないという点である。競技会開催事業特別会計とＭ＆Ｍ事業特別会計とは、収益を求めている。そしてＪＯＣ選手強化委託事業特別会計、スポーツ振興基金事業特別会計、スポーツ振興くじ事業特別会計は、おそらく構造的に黒字にならない。ＦＩＶＢイベント特別会計は、うまくいけば黒字になるかもしれないが、この事業の目的としてはおそらく、

・国際大会を日本で開催してバレーボールの人気を高めること
・日本代表がホームゲームのメリットを活かして成績をあげ、日本のバレーボールの人気を高めること
・日本代表の強化

が優先される。換言すれば採算は、どうでもよいとは言わないが赤字でも仕方がないと考えられているはずである。すなわち、これらの赤字型の特別会計については、採算による成果を求めていない。

では何によって事業の成果を財務的に把握するのかというと、計画に対する実績であろう。つまり、
・競技会開催事業特別会計とM&M事業特別会計については、計画（予算）どおりの収益を計上できたかどうか
・赤字型の特別会計については、コストが計画の範囲におさまっているか。またFIVBイベント特別会計については、イベント事業収入が計画を達成して

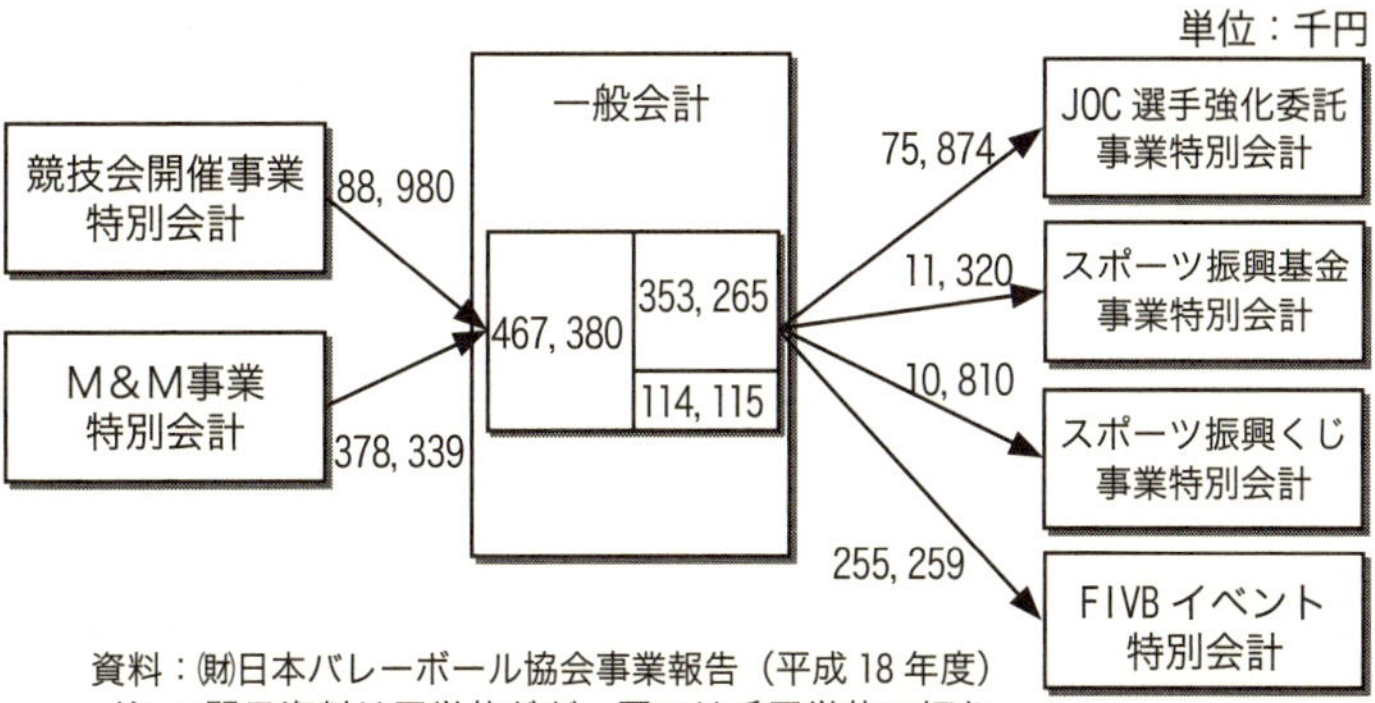

資料：㈶日本バレーボール協会事業報告（平成18年度）
注　：開示資料は円単位だが、図では千円単位で切り捨てているため合計が一致しないものがある。

図7　バレーボール協会の会計区分間の資金の流れ

（単位：円）

IVB イベント特別会計	競技会開催事業特別会計	M & M 事業特別会計	内部取引消去	合　計
				3, 298, 782
				181, 396, 000
1, 365, 707, 630	578, 915, 944	602, 570, 795		2, 693, 058, 489
	9, 656, 000			63, 812, 000
112, 000, 000				142, 683, 232
				104, 800, 000
	2, 000, 000			9, 640, 000
2, 422, 097	2, 974, 621	2, 342, 989		10, 164, 630
255, 259, 661			△820, 645, 900	0
1, 735, 389, 388	593, 546, 565	604, 913, 784	△820, 645, 900	3, 208, 853, 133
1, 736, 572, 688	506, 760, 406	227, 339, 543		3, 239, 550, 571
				146, 291, 060
				4, 169, 628
	88, 980, 665	378, 399, 881	△820, 645, 900	0
1, 736, 572, 688	595, 741, 071	605, 739, 424	△820, 645, 900	3, 390, 011, 259
△1, 183, 300	△2, 194, 506	△825, 640		△181, 158, 126
0	0	0		0
0	0	0		0
0	0	0		0
△1, 183, 300	△2, 194, 506	△825, 640		△181, 158, 126
				70, 000
				0
△1, 183, 300	△2, 194, 506	△825, 640		△181, 228, 126
22, 566, 277	1, 163, 822	3, 633, 617		888, 798, 878
21, 382, 977	△1, 030, 684	2, 807, 977		707, 570, 752
0	0	0		0
0	0	0		0
0	0	0		0
21, 382, 977	△1, 030, 684	2, 807, 977		707, 570, 752

資料：日本バレーボール協会

表 12　日本バレーボール協会の会計区分

正味財産増減計算書総括表（平成 18 年 4 月 1 日から平成 19 年 3 月 31 日まで）

科　目	一般会計	JOC 選手強化委託事業特別会計	スポーツ振興基金事業特別会計	スポーツ振興くじ事業特別会
I 一般正味財産増減の部				
1. 経常増減の部				
(1) 経常収益				
基本財産運用益	3, 298, 782			
加盟団体分担金	181, 396, 000			
事業収益	145, 864, 120			
受取補助金助成金		41, 112, 000	6, 900, 000	6, 144, 0
受取交付金等	30, 683, 232			
受取寄附金充当事業交付金	104, 800, 000			
受取負担金	7, 220, 000	420, 000		
雑収益	2, 419, 116	2, 384	1, 900	1, 5
他会計からの繰入金	467, 380, 546	75, 874, 926	11, 320, 047	10, 810, 7
経常収益計	943, 061, 796	117, 409, 310	18, 221, 947	16, 956, 2
(2) 経常費用				
事業費	616, 290, 434	117, 409, 310	18, 221, 947	16, 956, 2
管理費	146, 291, 060			
その他の費用	4, 169, 628			
他会計への繰出額	353, 265, 354			
経常費用計	1, 120, 016, 476	117, 409, 310	18, 221, 947	16, 956, 2
当期経常増減額	△ 176, 954, 680	0	0	
2. 経常外増減の部				
(1) 経常外収益				
経常外収益計	0	0	0	
(2) 経常外費用				
経常外費用計	0	0	0	
当期経常外増減額	0	0	0	
税引前当期一般正味財産増減額	△ 176, 954, 680			
法人税、住民税および事業税	70, 000			
法人税等調整額	0			
当期一般正味財産増減額	△ 177, 024, 680	0	0	
一般正味財産期首残高	861, 435, 162	0	0	
一般正味財産期末残高	684, 410, 482	0	0	
II 指定正味財産増減の部				
当期指定正味財産増減額	0	0	0	
指定正味財産期首残高	0	0	0	
指定正味財産期末残高	0	0	0	
III 正味財産期末残高	684, 410, 482	0	0	

いるかどうかが評価されることになる。

3・予実管理

❶実績に基づく計画の修正

このように、予算（計画）との対比で実績を評価することを予実管理と呼ぶ。

中央省庁や地方自治体にとって、予算（支出予算）とは、予定どおり執行すべきものである。換言すれば、執行（＝支出）とは、予定されていた政策が実行されたということである。政策を実行せずにお金を残してはならないのだ。重要なのは使うことである。とはいえ、10億円で建設するはずの施設が、競争入札の結果、9億円で済むこともある。逆に景気を刺激するために国債や地方債を増発してでも政府支出を拡大しようとすることもあるだろう。これらは補正予算に反映されることになる。つまり、予算とは現実に即して変わるものである。

民間企業では、上場しようとする会社は月次決算ができなければならない。実際に開示されるのは四半期、半期、通期なので年4回だが、内部では12回なのだということである。そして四半期等の決算の開示に際しては、収益見通しを必要に応じて変更する。また、売上や利益に大きな変動が予想される場合には、迅速に見通しの修正が開示されなければならない。月次決算は、上場会社がこのような義務を果たすための手段になっている。非上場会社でも、事業実績の把握はいつも行われている。決算見通しを開示する必要はないのだが、そうしておかなければ、労働者の確保、原材料の発注、あるいは資金調達などで不足や過剰が生じるからである。すなわち、予算とは、期初（まで）に作成し、期末まで放置するものではないということである。また、日常的に予算を見直せるということは、予算が年度単位のものだけでなく、月次単位でも作成ないし認識されていることを意味している。

このように、予実管理では予算と実績と対比し、差があれば予算（実態としては決算見通しである）を期中に修正するとともに必要に応じて対策を講じる。予実管理は必要に応じて四半期ごと、あるいは毎月行われる。一般的なのは月次であり、これが月次のキャッシュフロー計画に連動する。このような組織は、各月に区分された予算計画を持っているということである。

2 予実管理による行動の修正

たとえば、入会金と毎月の会費を主な収入源とするフィットネス・クラブを考えてみる。4月の入会者について、昨年と同様に200人を計画していたのが、今年は100人だったとしよう。そうだとすると、4月の入会金収入と月間会費収入は、予算より100人分少なくなることになる。これは直接的には5月以降の資金繰りに影響を与えるが、問題はそれだけではない。月間の入会者がそれだけ減ったのだとすると、5月以降の入会者も減るかもしれない。また、5月以降は予算どおりだとしても、4月に減少した100人分については、年間の会費収入も減少しているのである。そうなると必要になるのは、「より収入が少なくなることを見通して予算を修正する」「会員獲得のための広告を投下する（費用が増える）」「入会金無料、あるいは月間会費2ヶ月分無料のキャンペーンを行う（収入は増えるかもしれないし、減るかもしれない。キャンペーンでどれだけ会員が増加するかという目標によって予算が変動する）」といったところである。幸いキャンペーンが成功して5月の入会者は期初予算の想定より多く、収入も回復したとしよう。しかしそれでも安心することはできない。潜在的な入会希望者は、このフィットネス・クラブがキャンペーンを行うことを知ってしまったので、次のキャンペーンまで入会を待ってみようかと思うかもしれない。また、キャンペーンの結果会員数が増加したのを嫌がって、旧会員が脱落することもあり得るだろう。悩みは続くのであり、したがって予実管理も続けていかなければならないのである。

3 当初予算との対比の重要性

このように、予算は収益管理的な側面からは年度が始まると同時に決算見通しの性格を持つものになるのだが、一方で予算は予算として、会社や団体の、事業活動についての意思を反映したものでもある。したがって、お金の問題は別にしても、実施予定の事業が実施されていない（そのために収入が少ない。あるいは支出が少ない）とか、事業支出が多すぎる（事業量が予定より多い、あるいは経費を使いすぎている等）ことをチェックするためにも当初予算との対比が必要になる。たとえば、無料の野球教室を開催することにして小学校からの応募を受け付けたら遠隔地ばかりで交通費がかかり、12回分のつもりの予算が8回で使い切ってしまうというようなケースがあるだろう。あるいは応募者がまったくあらわれないので事業ができないこともあるかもしれない。後者の場合は、1年間事業をしないで済ませることもあるだろうし、告知のためにポスターやパンフレットを追加で作成することもあるだろう。事業目的を実現するために活動が追加され、これが予算の修正を求めるということである。前者の場合は、9回目以降の小学校は市内に限定することになるかもしれないし、あるいは他の事業の予算の一部や予備費を充当することもあるだろう。

公益法人でよく見られるのは、

- 6月の理事会に諮られる決算書は、前年3月に理事会に提出された予算書と大きく乖離している
- しかし、今年の3月の理事会に提出された予算書は、前年度の予算書とあまり変わらないというものである。何が起きているかというと、
- 前年度の事業実績が、今年度の予算編成に活かされていない
- 前年度の予算の「非現実的なところ」が、今年度の予算編成で修正されていないということである。予算が決算に先行して審議されるので、毎年こういうおかしなことを繰り返すのだが、問題にする人が少ない。

これを回避するためには、３月の理事会で、

- 前年度予算
- 今年度決算見通し
- 今年度予算

を同時に提示すべきだろう。そうすれば、当初予算をより現実的なものにすることができるはずである。

第8章 資本と資本政策

本章では、主に株式会社を想定して、その資本政策を検討する。資本とは自己資金であり、その点では公益法人の正味財産の増加と類似であるので、必要に応じてこれら公益法人の自己資金との比較、論及を行う。

1・資本金と純資産

1 資本金

資本金とは、会社に対して個人や法人が出資するものであり、出資者は対価として株式を得る。普通株式の場合、株主の主な権利は株式の持分に比例する議決権と利益（配当）請求権である。債権の順位としては、貸付などに劣後する。すなわち、会社が倒産した場合、出資金は戻ってこない確率が高い。また、上場会社の株式は売買が行われるが、非上場会社株式については、売却しようと思っても上場株のように容易ではなく、もし株式に譲渡制限がつけられている場合（非上場会社についてはそうであることが多い）には、取締役会の承認がなければ売却することができない。したがって、倒産することのない健全な会社であっても、非上場であればその売買は一般的ではない。換金性の低い、戻ってこない資金だということである。

出資の方法としては、お金を出すのが一般的だが、土地などの現物出資も可能である。たとえば企業が保有しているスポーツのチームを独立させて会社を設立する場合、練習場や体育館を現物出資することができる。

2 純資産

貸借対照表では、資本金の上位項目は「株主資本」、その上位項目が「純資産」である。純資産の主要な要素は、資本金以外には資本剰余金と利益剰余金であり、前者は出資者が支払う株式代金のプレミア、後者の多くは利益を源泉としている。いわゆる内部留保である。純資産には資産という名称がついているが、バランスシートの右側であり、会社にとっては「自分のお金」「自己資金」である。

ところで、株式会社というのは「配当することのできる組織」ではあるが、「配当しなければならない組織」ではない。利益処分の一つとして配当を行うかどうか、その額をいくらにするのかは、総会の決定事項である。したがって、スポーツを実施している株式会社の株主が配当を求めないのであれば、株式会社は利益を内部留保に充当し、翌期以降の事業資金とすることができる。ここでの留意点は「株式会社というと営利組織と考えるのが一般的だが、実態的には非営利組織として経営することができる」「配当と内部留保とは、トレード・オフの関係にある」という点である。

表 13　資本金と純資産

個別貸借対照表	連結貸借対照表
純資産の部	純資産の部
Ⅰ株主資本	Ⅰ株主資本
1 資本金	1 資本金
2 新株式申込証拠金	2 新株式申込証拠金
3 資本剰余金	3 資本剰余金
(1) 資本準備金	
(2) その他資本剰余金	
4 利益剰余金	4 利益剰余金
(1) 利益準備金	
(2) その他利益剰余金	
××積立金	
繰越利益剰余金	
5 自己株式	5 自己株式
6 自己株式申込証拠金	6 自己株式申込証拠金
Ⅱ評価・換算差額等	Ⅱ評価・換算差額等
Ⅲ新株予約権	Ⅲ新株予約権
	Ⅳ少数株主持分

2・株式の種類

❶普通株式

株式には普通株式と種類株式とがある。会社設立等に際して一般的に発行されるのは普通株式である。普通株式には議決権と配当請求権等が付与されている。株主総会における普通決議は全議決権の過半で決するので、株式を50%超保有している株主は、会社を支配することができる。特別決議は3分の2以上の賛成で可決される。逆に言えば株式の3分の1超を持っていれば、重要事項について否決することが可能である。

念のために言えば、合同会社では出資割合に関係なく、議決権と配当の割合を決めることができる。それだけ制度設計の自由度が高いということができる。

2 種類株式

種類株式とは、普通株式とは違う条件で発行されている株式の総称であり、設計次第で多様な種類株式を発行することができる。そのすべてを解説することは本書の範囲ではないので、スポーツに関わりがあると思われるものを取り上げるなら以下のようなものがある。

(1) 配当優先株式

一般的に優先株と呼ばれる。普通株式より先にこの株式についての総会を開催し、配当を決定するのでこの名称になっているが、特徴はむしろ議決権がないことである。すなわち、議決権を放棄することの見返りとして優先配当権があるが、配当をするだけの収益力のない会社の場合は、議決権を付与せずに出資を募る手段として優先株式が発行される。この場合、既存の普通株式の株主の議決権割合は低下しない。資金は調達したいが経営権を維持し、経営責任の所在を明確にするための手段になるということである。日本で優先株が大量に発行されたのは1990年代末のいわゆる金融危機の時期であり、発行者は銀行、引き受けたのは国である。これが普通株式だと国が銀行に対して議決権を持つ——要は所有するということになるので、これを回避する手段として優先株が発行された。

(2) 黄金株

特定の議案、あるいはすべての議案について、複数の議決権を有する株式である。米国のスポーツ組織が増資によって資金調達をする際、経営者ないしオーナーの経営権を確保する手段として用いられた例がある。この場合、増資で発行されるのは資金調達額を満たすだけの普通株式と、経営権を確保するための黄金株1株である。日本では今のところ例を見ない。

経営権は手放したくないが資金は欲しいというのは、考えてみると虫のいい話である。しかし、それでもかまわないという個人や法人があれば優先株を発行したり、黄金株を同時に発行するという条件で普通株による増資が可能である。このような資金調達が受け入れられる条件は、

- 出資者がそのチームの株式を保有していることに意義を感じる
- 株主優待などのメリットがある

といったことによる。

3 転換社債（新株予約権つき社債）

発行されるのは社債だが、株式に転換する権利が付与されているのが転換社債である。新株予約権は単独でも付与される。株式に転換されないこともあるので、発行者には、社債を償還（元金と利息を支払う）するだけのキャッシュフローがなければならない。投資家が転換社債を選好する理由は、

- 将来、株価の上昇が見込める（だから低い利回りの社債でもよいと考える）
- 為替リスクをヘッジしたい（日本株のドル建て転換社債を買う場合、ドル安になれば日本株に転換することでドル安の影響を受けなくて済む）

といったところである。現在の日本では、高い株価が見込めるスポーツ関係の会社はまだないように思われるが、将来、低いコスト（金利）で資金を調達する手段としては認識しておくべきであろう。

4 株式の譲渡制限

株式の実質的な種別として譲渡制限がある。上場していない中小会社では、株式に譲渡制限を設けることが可能である。譲渡制限を付された株式は、取締役会での承認がなければ譲渡することができない。これは、優先株や黄金株と同様、オーナーシップの希薄化や買収を防止する手段である。

3・資本政策

資本政策とは、
- どれだけの自己資本を持つか
- どのような株主構成にするか

等についての企業の方針であり、株式会社の経営上の意思決定事項としてはきわめて重要なものの一つである。

1 自己資本比率（純資産比率）

負債・純資産の部（バランスシートの右項）の総額に対して、負債が占める割合を負債比率、負債以外が占める割合を純資産比率という。現在の会計基準では、純資産の部の中には自己資本以外のものが含まれるので留意が必要である。つまり、純資産比率と自己資本比率は異なる概念になっている。

純資産に関わる企業の方針としては、
- 負債比率を下げる。すなわち、借入れを削減して金利コストを下げる
- 純資産を削減する。これにより、ＲＯＥ（Return On Equity：株主資本利益率）、ＲＯＡ（Return

On Asset：総資産利益率）などの指標を改善するという正反対のものがあり得る。日本ではこれまで有利子負債を削減することが財務上の重要な目標となることが多かった。この理由は、日本企業が社債ではなく、銀行借入によって資金を調達しており、銀行はお金を貸していることを背景として企業経営に実質的に介入したからである。

このような銀行の行動は、メインバンク制度あるいはメインバンクシステムと呼ばれる。日本の法制では、銀行は特定の会社の株式を5％を超えて持つことができない。換言すれば支配することができないが、銀行はこのように経営に介入することで実質的に大株主のように行動する。したがって、経営の自主性を高めるためには、できれば無借金、それは不可能だとしても、なるべく負債を減らし、銀行に依存しないようにすることが重要な課題だったのである。

財務指標を向上させるためになるべく純資産を小さくしようというのは、上場会社、とくに米国の上場会社に典型的な財務施策である。米国の企業は債券によって資金を調達する。換言すればメインバンクはないので、負債が増加しても銀行は経営に介入しない。むしろ株主のほうが経営に対してうるさい存在である。このような理由から純資産を小さくすることが指向される。

日本的な慣行の下では、とくに非上場会社の場合、有利子負債が少ないことが選好される。ただし最近では、資本金が大きければ外形標準課税の対象になる（利益がなくても課税される）ので、増資による資金調達には制約が生じている。

2 株主構成

(1) 株主類型

株式会社にとって、株主とその持分（株式所有割合）の構成は議決権に直結するので、とくに重要な問題である。一般的な株主類型は、

①事業会社
②金融機関
③外国人
④個人
⑤機関投資家
⑥自社役員およびその持株会
⑦社員持株会

であり、上場会社全体としては、近年の傾向は外国人の増加と金融機関の低下である。

スポーツ組織については（あるいは一般的な非上場の中小企業にとっても）、株主となるのは、

①その会社を経営しようという会社ないし個人（経営母体）
②これ以外の支援企業
③自治体

④個人
⑤役員持株会あるいは社員持株会
⑥従業員以外の支援者による持株会

である。これらの株主がどの程度株式を保有しているのかによって会社の性格が決定される。

経営母体である企業が株式の100％を保有している会社は、企業スポーツとあまり変わらない性格になる。もちろん、スポンサーが別の会社であれば、企業スポーツとは異なる経営原理が必要になるだろう。とはいえ、チーム運営会社の経営危機に際して母体ではないスポンサーは「降り」れば済むが、母体企業は救済しなければならないという違いがある。最近は企業スポーツでも母体企業とは異なるスポンサーを獲得している例が見られるので、企業スポーツとそうでない会社との違いは小さくなっているとはいうものの、本質的な違いは大きいのである。

(2) 地元株主と地域密着

地元の自治体や企業が株主となる例はJリーグに見られる。とくに自治体の株式保有については、Jリーグでは推奨されている。ただし、自治体や地元の（中小）企業が経営母体になることはない。これらの主体には、株式を持つことによって、そのチームに対する当事者意識を形成することが期待されている。要は地域密着である。個人が株主になることも、趣旨としては同じである。

とくに自治体には、スポーツ組織とその大株主に対する監視機能が求められる。この理由は、スポーツ組織が一般的に利益を目標としていないために、成果に対する評価があいまいになりがちだからである。株主が利益を求めていれば、会社の成果に敏感になるだろう。しかし、スポーツ組織の株主は経済的な成果を求めていないので、組織成果を評価する尺度を持たないためである。これに対して自治体は、経済的な成果（組織経営が健全であること）と政策的な成果を求め、その観点から組織を監視する。

(3) 持株会

持株会とは、個人が（法人でもよい）集まって株主となるものである。上場会社では、従業員持株会、役員持株会、取引先持株会などが一般的に見られる。株式には単元という概念がある。たとえば、1株50万円で発行される株式は1株で議決権1としてもよいだろう。しかし500円で発行する場合には、1株ごとに議決権があると煩瑣なので、たとえば1000株50万円で1単元とする。投資家は、上場会社株式を市場で売買する場合、単元を単位とする。つまり1単元50万円の株式であれば、最低50万円を支払わなければならない。持株会では、個人が少額を拠出し、会としての資金が単元を超えたら株式を購入するという方式がとられている。従業員持株会の従業員にとってのメリットは、このように少額投資ができること、および多くの企業で奨励金を出していることである。また上場予定会社であれば、非上場のうちに持株会を組成して株式を割り当て、社員に上場益を供与することも可能である。役員持株会は従業員持株会とは性格が異なり、経営参画の意思表示といえるだろう。役員なら個人で株式を保有してもよいので、従業員持株会より例が少ない。

発行会社にとっての持株会のメリットは安定株主の増加である。上場会社は買収のリスクにさらされているが、従業員、役員、あるいは取引先が会として株式を保有していれば、この株式が買収者に譲渡される可能性は低い。また株主総会での議決に際しても、会社が提示した議案を否決することは考えにくい。持株会は会として議決権を行使するが、少なくとも制度的には、単元を超える金額を供与している会員は、個人として議決権を行使することも可能である。しかし実際には議決権は持株会として行使され、またたとえば従業員持株会の代表はその会社の管理部門の社員なので、議案に反対票が投じられることはないのである。

スポーツを実施している株式会社で持株会を持つ例はJリーグのクラブで見られるが、その持株会は、ここまでに述べたような持株会とは性格の異なるところがある。第一に、投資という性格が希薄、あるいはない。あり得るのは経営参画意識だが、それなら個人として株主になってもよいだろう。そうではなく会が組成されるのは、持株会に参加すること自体が経営参画意識の表明と考えられ、そのような意識の下で会員が募られているためであると思われる。スペインのサッカークラブにはソシオと呼ばれる会員組織を持つものがあり、チーム運営に関与する。あるいはドイツでは、一部の例外を除いてサッカークラブの筆頭株主は地元のスポーツクラブであり、日本の社団法人に類似の組織である。個人はスポーツクラブの会員＝大株主である社団の構成員としてサッカークラブ運営に関与する。日本のサッカーチームにおける持株会は、スペインのソシオ、あるいはドイツにおけるスポーツクラブ社団と同じ機能、役割を果たすものと考えることができるだろう。

欧州の例との違いは、持株会の会員は株式を保有するためにお金を支払うが、年会費を必要としないという点である。ソシオやスポーツクラブ社団の会員は、年会費を支払っている。いうなれば、毎年クラブに対する参画・支援の意思を表明している。持株会の会員にはそれがないし、株式は財産なので、譲渡や相続が可能である。もしそのクラブが株式に譲渡制限を付していても、持株会内部での譲渡では会社からみた株主は変わらないので、譲渡制限という制約を言わば「すり抜ける」ことが可能なのである。

スポーツクラブの持株会には、一般企業の持株会にはないリスクがある。それは、持株会が会社の意思とは異なる決定や行動をし得るという点である。従業員持株会や役員持株会、あるいは取引先持株会の場合は、会社の意思に反する行動をしようとするなら、ペナルティを覚悟しなければならない。そのような場合、持株会の代表である従業員は解雇されるかもしれないし、そこまでいかなくても昇進は諦めることになるだろう。役員についても同様である。取引先持株会の代表は取引停止を覚悟しなければならない。これに対して、スポーツクラブの持株会のメンバーは、そのクラブに雇用されていないし取引もないので、ペナルティがないのである。したがって、持株会は社長が役員として再任されることを否認するかもしれない。

このような行動は、場合によっては、クラブ運営を適正に監視する手段になり得る。しかし一方で、会員を扇動するような人材、あるいは資金をあまり使わずに経営権を握ろうとする主体が持株会の代表であった場合には、適切な経営の障害となる。よって、スポーツクラブにとって、持株会の保有シェアが高すぎることは危険なのである。

(4) 株主構成と経営権・経営責任

株主構成の一般的なパターンには、

①単一の母体企業が高い保有シェアを持つ場合

②2社(者)がほぼ均等にシェアを持つ場合

③株主が分散している場合

がある。①は経営責任の所在が明確である。②についても比較的明確だといえるだろう。③は上場会社に多く見られるものであり、実質的に経営者の権限が強くなるが、経営危機に際して既存株主の迅速な支援を得ることは難しいものと思われる。すでに述べたとおり、株主権の主な構成要素は議決権と配当であるが、スポーツクラブが利益を生まず、非営利組織的に経営されているとすると、株主権は議決権に限定される。したがって株主は経営に関与する意思を持つが、関与の方法はさまざまであり、保有シェアが高ければ経営を支配しようとするだろう。そして持分が少ない場合は支配ができないので「支援」「株主であるという自意識」「つきあい」で株主になる。換言すれば、持シェアの低い株主は経営を監視しない。収益を目的とする会社、典型的には上場会社の株主は、持分はきわめて少ないが利益を目的としているので、会社の経営が悪化、あるいは問題を感じればその株式を売却することができる。その結果、株価は低下するので、株主の経済的動機が会社を監視する機能につながっているのである。スポーツクラブの小額保有の株主は、会社を監視することの動機を持ちにくい。結果として会社は監視されない存在になる。

(5) 株主破綻のリスク

また、留意しておかなければならないのは、株主が企業であった場合、一定の確率で破綻するという点である。そしてそれより高い確率で収益が低迷する。要はスポーツクラブに対して資金を安定的に供与することができなくなる。スポンサーでない株主であっても、管理部門等についての人的支援を継続できなくなることはあるだろうし、自社のキャッシュフローを確保するためにスポーツクラブの株式を譲渡したいと考えることになるかもしれない。また減損会計が導入されたことにより、株式会社であるクラブチームに赤字が続いた場合、保有している株式の減損処理が必要になるため、出資を見合わせたり譲渡を希望する株主が出てくることも視野に入れておかなければならない。安定的な株主を持ち続けることは、それほど容易ではないのである。

3 株主資本コスト——借入との比較

資本政策において重要な観点の一つは、負債と株式の発行のどちらがコストが低いかというものである。実質的に配当を免除されているスポーツ組織であれば、コストが低い——というよりかからないのは株式のほうである。しかし事業に成功し、次節のように上場を検討するようになると、配当が必要になる。

表14のケース1では、必要な資金16億円をすべて株式で調達している。ケース2は株式発行は10億円にとどめ、残る6億円を借入れている。事業効率と成果が同じだとすると、営業利益は同額であり、表では2億円である。しかしケース2では借入に対して利息を支払わなければならないので、税引前利益はケース1より3000万円少ない。法人税課税後の純利益も、ケース2のほうが少ない。

しかし、株主に対する配当率が借入利率と同じ5%だったとすると、ケースAの配当は16億円の5%で8000万円であるのに対して、ケース2では10億円の5%なので5000万円である。したがって、内部留保はケース2のほうが1200万円多くなる。この差は法人税額の差と同額である。

表14　資本金と借入のコストの比較　（百万円）

	Case1	Case2	Case3	Case4 配当率 3.125%	
a 資本金	1600	1000	1600	1600	
b 負債		600			
c 営業利益	200	200	220	200	
d 金融費用（利率 5%）	0	30	0	0	b × 0.05
e 税引き前利益	200	170	220	200	c − d
f 法人税	80	68	88	80	e × 0.4
g 純利益	120	102	132	120	e − f
h 配当（配当率 5%）	80	50	80	50	
i 内部留保	40	52	52	52	g − h
j 自己資本利益率	7.5%	10.2%	8.3%	7.5%	g/a
k 総資産利益率	7.5%	6.4%	8.3%	7.5%	g/(a+b)

ケース3は、ケース2と同額の内部留保を実現するためには、配当率が5％のままだと、営業利益がどの程度必要かを試算したものである。結果は2億2000万円となる。またケース4は、ケース1と同じ営業利益でケース2と同額の内部留保を確保するためには、配当率をどの程度にする必要があるかを試算したものである。結果は3・125％であり、1・875％の引き下げが必要となる。

このような計算から明らかなのは、「配当率は借入金利より低くなければならない」ということである。では、そのような収益率（配当率）は合理的なのだろうか。

出資者が個人だとすると、個人の金融資産の選択肢には預金と株式がある。預金金利は銀行の貸出金利よりはるかに低いので、もし配当率が前記の3・125％であったとしても、収益性のある投資だと判断するだろう。個人にとっては、ハイリスク・ハイリターンである。

銀行にとっては、キャピタルゲインがないという前提の下では、出資は非合理的である。法人株主にとっては、出資は銀行預金に比べれば収益率が高く（個人と同じ）、当該組織に対する融資と比べると低い。換言すれば、法人は出資するより融資するほうが合理的であるし、資金を受け取る側の法人にとっても、税額が少ないという点で借入れのほうが有利なのである。

それにもかかわらず、資金調達の手段として増資がよく見られる理由は、調達する法人が置かれた状況によって異なる。利益を順調に計上し、成長が見込まれる法人であれば、出資者はキャピタルゲインと高配当を期待する。キャピタルゲインが見込めるなら、配当率は低くてもよいと考えるかもしれない。そうだとすると、発行会社にとっては増資が合理的である。

これに対して継続が困難な法人、あまり成長する見込みのない法人については、投資家はキャピタルゲインを期待しない。しかしこのような状況では融資してくれる銀行もないので、発行会社は増資に頼らざるを得ない。そしてこれに応じる投資家は、経済合理性ではなく、救済を目的として出資する。その会社に存続してほしいというのが誘引である。投資家は出資によって実質的に議決権だけを得る。優先株なら議決権もない。それにもかかわらず出資が行われるのは、出資が寄附のような性格のものだと認識されているためであるといえるだろう。

4・株式の上場

❶上場の意義と目的

(1) 上場とは

株式の上場とは、会社が発行している株式を、証券取引所において、不特定多数の人々（法人を含む）が自由に売買できるようにすることを指す。

上場の目的として一般的に指摘されるのは、

①資金の調達

②創業者利益の実現
③会社の知名度、信頼性の向上

などである。このうち創業者利益については会社にメリットを与えるものではなく、利益を実現するのは株主である。会社にとってメリットが大きいのは、資金調達である。ただし、株主が企業（親会社）である場合は、上場に伴う株価上昇で得た差益は親会社の収入になるので、企業グループとしてのメリットがある。

株式を上場すれば資金が調達できるわけではない。上場株式は市場取引によって価格が形成され、需要の多い銘柄については株価が高くなるが、この取引は株主間で行われるものなので、会社の財務には直接影響することがない。会社にとってのメリットは、株価が上昇すれば、増資などによる資金調達が容易になることである。新規上場する企業は、上場と同時に新株を発行して資金を調達することが多い。

資金調達は、成長のための投資を行う手段である。逆にいえば、投資を意図しない企業は、株式を上場してもあまり意味がないということである。

(2) スポーツ組織にとっての上場の意義

では、スポーツを実施している会社は、どのような投資目的を持っているのか。想定できるのは、次のような使途である。

①競技場の建設、取得
②宿舎、練習グラウンド等の整備
③移籍金支出

上場で得た資金は、バランスシートで純資産の部の資本金、余剰金に計上される。したがって、その使途は、本来的には固定資産の取得であるべきである。また、これらの資金は投資される以上、回収を意図しなければならない。

2 各国の状況

スポーツ組織の株式上場が一般的になっているのはプロサッカー、とくに英国(イングランド、スコットランド)である。ただし上場廃止も多い(表15)。イタリアのセリエAにも、上場しているサッカークラブがある。

上場の第一の目的はチーム強化のための資金調達であり、

- プレミアリーグで上位に入ることにより多額の放映権料を得る
- 欧州のカップ戦に出場することにより、ファンクラブ会員、入場者、放映権料の増収が実現できる

ことによって、投資を回収することが意図される。一般的にチーム人件費は成績と相関があるが、コストをかければかならず勝てるわけではない。このため、上位に入れなければ投下資金は回収で

表 15　英国サッカークラブの上場、上場廃止状況

クラブ名称	上場市場	上場時期	上場廃止時期
Aberdeen	AIM	Feb-00	2004
Arsenal	PLUS	Nov-95	
Aston Villa	LSE	May-97	
Birmingham City	AIM	Mar-97	
Bradford City	OFEX	Nov-98	2002
Bolton Wanderers	AIM	Apr-97	2003
Celtic	LSE	Sep-95	
Charlton Athletic	AIM	Mar-97	
Chelsea (Village)	AIM	Mar-96	2003
Hearts	LSE		2007
QPR (Loftus Road)	AIM		2001
Leeds Utd	LSE	Aug-96	2004
Leicester City	LSE	Oct-97	2003
Manchester City	OFEX	Oct-95	2007
Manchester Utd	LSE	Jun-91	2005
Millwall	AIM	Oct-95	
Newcastle Utd	LSE	Apr-97	
Notts Forest	AIM	Oct-97	2002
Preston NE	AIM	Oct-95	
Rangers	PLUS		
Sheffield Utd	AIM	Jan-97	
Southampton	LSE	Jan-97	
Sunderland	LSE	Dec-96	2004
Tottenham H.	LSE	Oct-93	
West Brom.	AIM	Jan-97	2005
Watford (Leisure)	AIM	1-Aug	

資料：http://www.footballeconomy.com/stats/stats_turnover_09.htm

注 1：上場時期の空欄は原資料に記載のないものである。また上場廃止時期の空欄は 2007 年 8 月時点で上場を継続していることを指す。

注 2：上場廃止時期の年次は、原資料において、その年の 8 月には上場が廃止されていたことを指す。したがって、実際の上場廃止は、前年の 9 月から当該年の 8 月までの間である。

きない。その意味では投資のリスクが大きく、結果として上場を廃止するチームも多い。

3 上場の影響と問題：日本の場合

(1) 日本の上場市場と制度

日本の証券取引市場としては、東京証券取引所（1部、2部）の他、地方の証券取引所が運営する市場、各取引所が運営する新興市場（東証マザーズなど）、そしてJASDAQがある。それぞれの市場が会社に要請する「上場要件」は、相互に異なっている。とくに新興市場については、新興企業の上場を促進することを目的に設置されているので、上場要件はかなり緩やかである。

東証マザーズ上場に際しての主たる審査基準（形式基準）は次のようなものである（東京証券取引所『マザーズ上場の手引き』2006・12・1改訂、24頁による）。

①上場株式数：上場時に1000単位以上の公募または公募及び売出し（ただし、公募は500単位以上）
②少数特定者持株数：制限なし
③株主数：上場時の公募または公募及び売出しにより、新たに300人以上の株主を作ること
④事業継続年数：1年以前から取締役会を設置して事業活動継続
⑤純資産の額：制限なし
⑥上場時価総額：10億円以上

⑦利益の額：制限なし
⑧売上高：上場対象となる事業について売上高が計上されていること
次にＪＡＳＤＡＱは同社ホームページによれば以下のとおり。
①株主数：上場日における上場申請に関わる株式（自己株式を除く）の数（見込み）
・1万単元未満の場合　　３００人以上
・1万単元以上2万単元未満の場合　　４００人以上
・2万単元以上の場合　　５００人以上
②時価総額：上場日において10億円以上（見込み）
③利益の額：直前事業年度における当期純利益金額が正または経常利益金額が5億円以上
④純資産の額：直前事業年度の末日において2億円以上

上記審査基準から判断できることは、あまり大きな会社でなくても基準を満たすことができる可能性が高いという点である。マザーズをはじめとする新興市場は、過去の実績を問わない。これに比べるとＪＡＳＤＡＱは純資産2億円以上、純利益計上が要件でありマザーズと比較するとやや制約が厳しい。とはいえ、どちらも形式基準上は上場が比較的容易であるといえるだろう。

(2) 連結による実質的な上場

プロサッカーのチーム運営会社の一部は、上場している大企業の連結子会社である。その意味では上場しているのと同じであるといえるだろう。これと類似の形態として、未上場の事業会社で、スポーツ組織を子会社等とするものが株式を上場することも想定できる。当該のスポーツ組織が利益を計上していない場合には上場の障害となるが、財務状況が健全であれば問題はない。

(3) 上場の問題点

上場の問題点としては以下を指摘することができるだろう。

①上場維持コスト

新興市場への上場はすでに述べたとおり比較的容易だが、内部統制の義務化等により、上場を維持するための費用が上昇している。このため、利益額の小さい会社は上場維持に必要なコストを負担することが困難である。

②大株主の頻繁な異動

スポーツ組織の時価総額が比較的小さく、またそのオーナーになることが経済的利得だけでなく、社会的名声を伴うものになっているとすると、上場したスポーツ組織に対するM&Aが頻出することが予想される。またこの予想に基づいて、キャピタルゲインを目的とした(つまり、いずれは誰かが買いたがるという予想に基づいた)株式の取得も多くなるだろう。ガバナンスの観点からは、これは好ましいことではない。

③証券取引所のルールと所属団体のルールとの葛藤

証券取引所は、上場株式については不特定の投資家が取引することを前提としている。しかし、たとえば団体競技のリーグの規定はこれに抵触する可能性が高い。たとえばJリーグは1人のオーナーが複数のチームを所有することを禁止している。これは競技で不正が起きることを回避することを目的とするものであるが、証券取引所のルールはこれを禁じていない。

第9章 決算と情報開示

1・決算の資料構成と承認

❶決算資料の構成

(1) 株式会社と公益法人の決算の位置づけの違い

決算とは、事業期間における活動の結果を、財務の面から明らかにするものである。通常は1年間を事業期間とするが、決算期の変更を目的としてこれより短い事業期間で決算を変則的に行うこともある。また半期決算は株式会社で一般的であり、上場会社は四半期決算を開示している。

決算の位置づけは、株式会社と公益法人とでは異なる。株式会社、とくにその株主にとって、会社の事業とは利益を生み出すための手段であり、成果を表現するのは決算書である。これに対して公益法人では、事業活動を行うことが目的なので、事業の成果とは事業活動そのものである。したがって、決算とはこの成果を財務的な面から表現するという位置づけにとどまるものであるといえる（表16）。

(2) 決算資料の構成

このように、株式会社では、事業活動がどれだけの経済的余剰（利益）を生み出したかというのが株主の関心なので、決算資料の基本は貸借対照表である。中小会社であれば貸借対照表だけが作成されればよいが、これに掲示される当期利益は損益計算書の結果なので、決算に際しては必然的にこの両者が作成されることになる。

これに対して公益法人では、決算に関する資料の種類が多い。これは、次節で述べるように計算書類だけでなく、事業報告書等の開示が義務になっているためである。また、公益法人では「予算準拠原則」がある。つまり、株式会社では事業の結果が示されればよいが、公益法人では事業に本来的な意味があるので、策定された予算に照らして適正な活動が実施されたかどうかを検討する手段として、内部管理に用いる収支計算書、およびこの内容を含む計算書類としての正味財産増減計算書において、予決算の対比が開示される。

表16　株式会社と公益法人の決算の位置づけの違い

	事業の目的	事業活動	決算（財務上の成果）
株式会社	利益	手段	成果
公益法人	事業そのもの	成果	成果の財務的な表現

2 決算の承認

(1) 株式会社の場合

株式会社では、決算は取締役会の議決を経て、株主総会で承認される。株主総会は会社の最高意思決定機関であるといわれるが、実は権限を持つ事項はそれほど多くなく、業務執行とそのための意思決定は取締役会と代表取締役にかなりの部分が委ねられている。決算の承認とこれに伴う配当の決定は、総会に権限がある事項の一つである。総議決権数の過半を有する株主が出席（委任を含む）する総会で過半の賛成があれば議案としての決算および配当が承認される。

(2) 公益法人の場合

社団法人・NPO法人では、理事会で承認された決算を社員総会で承認する。株式会社との違いは、議決権が社員一人1票だという点である。財団法人には総会がないので、決算は理事会での承認が最終的な意思決定である。ただし、理事会はこれに際し、評議員会の意見を聞かなければならない。

このように比較してみると、株式会社、社団法人・NPO法人と比較すると、財団法人の事業活動と決算に対する監視は、やや甘いように思える。財団法人には監事が置かれ、財務と事業活動を監視しているが、会社や社団法人・NPO法人にもそれぞれ監査役（委員会設置会社では監査委員会。また小規模会社は会計参与でもよい）と監事が設置されている。評議員会は意見を述べるが、経営者に対する「圧力」は、株主総会や社員総会より低いといえるだろう。

この問題はおそらく、資料の開示義務によって補われている。すなわち、公益法人は詳細な資料を公開しなければならないので、「世論」「マスコミ」あるいは「国民」による監視圧力を気にしなければならないということである。

2・情報開示の方法と対象

1 株式会社の情報開示

(1) 情報開示の目的

株式会社が情報開示を行う目的は、以下のようなものである。

①投資家（現在の株主）に対する義務

株主は配当による利益分配を受ける権利を有している。これを判断するための基礎資料として、決算の開示が不可欠である。

②投資家（現在株主でない投資家）に対するプロモーション

上場会社では既発行株式が流通しており、情報開示はその価格の上昇を目的として行われる。売買時に株価が上昇しても会社の利益は増えないが、株価が高ければ増資に際して有利であるし、買収の抑止にも貢献する。

③アナリストやメディアに対する情報提供

株式会社が投資家などに対して実施する広報活動をＩＲ（Investor Relations）と呼ぶ。投資家に加えて重要な対象は、証券アナリストや新聞社など、投資家に情報を仲介・提供する事業者である。これらの主体は単に企業情報を仲介するだけでなく、独自の分析・評価を行う。

④銀行や取引先との関係の円滑化

銀行から融資を受けようと思えば決算書の提出が不可欠である。取引先も、商品を納入した相手企業が倒産したり経営不振に陥れば代金を回収することができない。ふだん決算の開示をすることは、そのような心配のない企業であることを証明しているのだということができるだろう。

（２）情報開示の方法

①決算公告

株式会社は会社法によって、株主総会で承認された決算の公告をしなければならない。ただし、上場会社などで有価証券報告書を作成している会社は、これと別に公告を行う必要はない。

公告の方法としては、

- 官報に掲載する
- 日刊新聞紙に掲載する

・電子公告をする

のいずれかを選択することができる。ただし、電子公告（ホームページでの公告）を選択する場合は、

・電子公告をする旨を定款に記載する（定款の変更は株主総会での決議が必要である）

・ホームページのアドレスを登記する

ことが必要になる。

開示されるのは貸借対照表である。大会社は損益計算書の公告も必要である。なお決算公告は会社にとって必須、義務であり、罰則規定もあるのだが、現実には公告を行っていない企業も多い。

②決算短信

上場会社は証券取引所の規定により決算短信を決算日から45日以内に公表する。決算についての定時株主総会は決算日から３ヶ月以内に行われることになっているので、決算短信は総会にかけられる決算書より先に開示される。監査も終了していない段階のものなので、法的には「確定情報」ではないのだが、一般的には決算とみなしてよいものである。また、決算短信は事業概要、来期見通しなどを含んでいる。

③説明会、年次報告書など

決算短信を公表すると同時に説明会をメディアやアナリスト向けに実施したり、株主総会後に懇談会を開催して事業概況と中長期的な見通しを示す企業も多い。年次報告書（アニュアルレポート）の作成も一般的である。これらはいずれも、ＩＲを目的とする任意の活動である。

❷社団法人、財団法人、NPO法人の情報開示

(1) 情報開示の内容

社団法人、財団法人はその規模を問わず、以下の資料を主たる事務所に備えて置き、原則として一般の閲覧に供することが義務づけられている。

①定款または寄附行為
②役員名簿
③(社団法人の場合) 社員名簿
④事業報告書
⑤収支計算書
⑥正味財産増減計算書
⑦貸借対照表
⑧財産目録
⑨事業計画書
⑩収支予算書

この中で、④事業報告書 から⑧財産目録 までが、決算、事業成果に関するものである。株式会社では、中小法人の場合、官報に載せる決算公告は貸借対照表、それも要旨だけでよいので、これ

と比べると公益法人の情報公開は範囲が広い。また公益法人の所管官庁は上記の資料を備え、閲覧の請求があった場合は、原則として、これを閲覧させなければならない。また所管官庁は公益法人に対して、これらの資料をインターネットで開示することを要請することになっているが、現時点では電子的な開示は義務となっていない。

ＮＰＯ法人においても、事業報告書、収支計算書、貸借対照表、財産目録等が提出されるとともに、法人自身に閲覧用の備え置きの義務がある。決算に関わる情報開示の程度は社団法人、財団法人と同様であるといえるだろう。

(2) 情報開示の対象と目的

このように、社団法人、財団法人、ＮＰＯ法人の情報開示の範囲は広い。この理由は、抽象的に言えば「業務運営の透明性を高める」ためである。ではなぜ透明でなければならないのかというと、これらの法人は不特定多数を対象とする事業を実施しており、すでに述べたように、この「事業の実施」が、手段ではなくて目的そのものだからであるということができるだろう。

経営論的な言い方をするなら、公益的な活動の大きな目的の一つは「仲間を増やすこと」である。仲間を増やして事業を拡大していくことが目的なのである。したがって、上場している株式会社が、株主になってくれそうな人に対して積極的に情報を公開・提供するのと同じように、公益的な組織は、仲間になってくれそうな人のために情報を公開している。

3 スポーツ組織の決算情報開示

(1) プロサッカーの場合

ではスポーツ組織の決算情報の開示はどのように実施されるべきか。ここではまずプロサッカー（Jリーグ）の例を検討しておきたい。

日本プロサッカーリーグという中央組織は社団法人であり、社団に要請される決算情報の開示を実施している。先進的なのは、会員であるチーム運営会社（Jクラブ）の決算情報も、項目によっては決算公告より詳細にJリーグが開示しているという点である（表17）。

では、なぜJリーグはこのような情報開示を行うのか。それはおそらく、公益法人の一般的な開示目的と同様に「仲間を増やす」ためである。ただし、一般的に想定される公益法人と異なるのは、事業活動のほとんどを行っているのが、社団法人としてのJリーグではなく、社団の社員であるJクラブだという点である。

Jリーグの主たる事業はプロスポーツ競技の催行だが、理念としては地域スポーツの振興が掲げられている。またしたがって、各都道府県に少なくとも一つのJクラブが存在することを目標としている。換言すれば、「仲間を増やす」とは、第一に「Jクラブを増やす」ということである。

ところで、地域にJクラブが成立するためには、

・Jクラブのためにスタジアムを整備・改修し、またその地域スポーツ振興活動を支援しようと

する自治体
・スポンサー
・ファンクラブ、後援会に加入する地域住民
・ユース以下のチームやサッカースクールに入る児童・生徒、およびその保護者
・Jクラブで働くスタッフ

が不可欠である。新たに地元にJクラブを作りたいと考えている自治体や地元有力企業は、Jクラブがあることによって、財務的に何をしなければならないのかを検討する素材を必要とするだろう。この点において、情報開示は「Jクラブ（という仲間）を増やす」ことに貢献する。

また、すでに会員になっているJクラブの地元の人々や企業にとって、自分たちが提供したお金がどのように使われているかを知らせることは、たとえJクラブが株式会社であっても、全体として公益法人を形成していることからすれば重要である。また情報が公開され、経営が透明であれば、保護者も安心して子どもを預けるだろう。すなわち、情報開示は「Jクラブの仲間を増やす」ことに貢献する。Jクラブという仲間が増え、それぞれのJクラブの仲間が増えるということは、いわば「掛け算」で仲間が増えていくということである。情報公開は、この目的を達成するための重要な手段になっている。

（単位：百万円）

清水 9年1月期	磐田 H19年3月期	名古屋 H19年1月期	京都 H18年12月期	G大阪 H19年3月期	C大阪 H19年1月期	広島 H19年1月期	福岡 H19年1月期	大分 H19年1月期	J1総額	J1平均
2, 986	3, 717	3, 801	2, 230	3, 361	2, 108	2, 267	1, 575	1, 800	54, 341	3, 019
1, 213	1, 946	2, 255	1, 447	1, 729	1, 161	1, 192	767	962	25, 906	1, 439
582	561	605	334	505	328	379	387	485	11, 455	636
318	338	258	251	485	242	232	235	226	5, 645	314
873	872	683	198	642	377	464	186	127	11, 335	630
2, 978	3, 939	4, 093	2, 120	3, 118	2, 318	2, 765	1, 682	1, 892	55, 153	3, 064
2, 443	3, 238	3, 615	1, 738	2, 390	1, 697	2, 298	1, 238	1, 540	44, 663	2, 481
1, 139	1, 869	2, 313	1, 072	1, 623	1, 150	1, 414	778	754	26, 018	1, 445
535	701	478	382	728	621	467	444	352	10, 490	583
8	▲222	▲292	110	243	▲210	▲498	▲107	▲92	▲812	▲45
11	▲214	▲267	95	99	▲206	▲498	▲116	65	▲634	▲35
11	▲214	▲271	47	14	▲199	▲500	▲117	73	▲1, 341	▲75
912	956	834	926	1, 281	314	610	558	1, 185	19, 262	1, 070
438	660	428	666	1, 252	206	610	424	1, 893	14, 137	785
474	295	406	259	28	108	0	134	▲708	5, 118	284
550	679	400	3, 605	10	315	1, 610	90	428	11, 882	660
▲75	▲383	6	▲3, 345	18	▲206	▲1, 609	▲117	▲1, 164	▲7, 368	▲409

神戸 8年12月期	徳島 H19年1月期	愛媛 H18年12月期	鳥栖 H19年2月期	J2総額	J2平均	J1・J2総額	J1・J2平均
1, 362	636	435	705	14, 807	1, 139	69, 148	2, 231
528	285	156	281	6, 461	497	32, 367	1, 044
215	33	71	152	2, 513	193	13, 968	451
134	112	90	108	1, 530	118	7, 175	231
482	205	118	164	4, 298	331	15, 633	504
2, 031	619	431	821	17, 173	1, 321	72, 326	2, 333
1, 600	385	302	613	14, 188	1, 091	58, 851	1, 898
1, 024	220	163	376	8, 560	658	34, 578	1, 115
430	235	129	208	2, 985	230	13, 475	435
▲669	16	4	▲116	▲2, 367	▲182	▲3, 179	▲103
▲484	16	4	▲112	▲1, 856	▲143	▲2, 490	▲80
▲488	9	3	▲112	▲1, 893	▲146	▲3, 234	▲104
2, 809	496	257	312	8, 200	631	27, 462	886
2, 638	84	46	308	7, 150	550	21, 287	687
170	412	210	3	1, 043	80	6, 161	199
98	409	208	294	6, 905	531	18, 787	606
▲488	3	1	▲434	▲7, 410	▲570	▲14, 778	▲477

表 17　2006（平成 18）年度Ｊクラブ個別情報開示資料

J1 クラブ名	鹿島	浦和	大宮	千葉	F 東京	川崎	横浜ＦＭ	甲府	新潟
決算期	H 19 年 1 月期	H 19 年 1 月期	H 19 年 1 月期	H 19 年 1 月期	H 19 年 1 月期	H 19 年 1 月期	H 19 年 1 月期	H 19 年 1 月期	H 18 年 12
■経営成績									
営業収入	3, 381	7, 078	2, 376	2, 887	3, 299	2, 780	4, 559	1, 343	2, 79
（広告料収入）	1, 262	2, 288	1, 470	1, 316	1, 217	1, 630	2, 520	571	96
（入場料収入）	597	2, 531	254	564	747	391	826	385	99
（Ｊリーグ配分金）	346	688	231	366	274	368	304	242	24
（その他）	1, 176	1, 571	421	641	1, 061	391	909	145	59
営業費用	3, 536	6, 855	2, 518	2, 752	3, 355	2, 765	4, 508	1, 102	2, 85
（事業費）	2, 385	5, 934	2, 041	2, 489	2, 605	2, 319	3, 467	857	2, 16
内、選手・チームスタッフ人件費[注]	1, 564	2, 499	1, 246	1, 436	1, 612	1, 535	2, 210	556	1, 24
（一般管理費）	951	921	477	263	750	446	1, 041	245	68
営業利益	▲ 155	223	▲ 142	135	▲ 56	15	51	241	▲ 6
経常利益	▲ 144	253	▲ 141	128	▲ 59	36	46	245	3
当期純利益	▲ 251	156	▲ 146	86	▲ 67	2	▲ 110	135	1
■財政状態									
総資産	1, 885	2, 240	612	751	883	996	2, 462	553	1, 30
総負債	344	1, 757	608	404	134	504	2, 547	423	83
純資産	1, 540	482	4	347	748	491	▲ 84	130	46
資本金	1, 570	160	100	100	807	349	30	367	71
繰越利益剰余金	▲ 176	322	▲ 335	247	▲ 58	111	▲ 121	▲ 236	▲ 24

J2 クラブ名	札幌	仙台	山形	水戸	草津	柏	東京 V	横浜 FC	湘南
決算期	H 18 年 12 月期	H 19 年 1 月期	H 19 年 3 月期	H 19 年 1 月期	H 19 年 1 月期	H 19 年 3 月期	H 19 年 1 月期	H 19 年 1 月期	H 19 年 1
■経営成績									
営業収入	1, 177	1, 609	665	341	586	3, 244	2, 143	1, 195	70
（広告料収入）	445	440	87	83	256	2, 502	353	693	35
（入場料収入）	358	675	74	52	95	284	173	203	12
（Ｊリーグ配分金）	113	117	111	111	117	139	127	137	11
（その他）	261	377	393	95	118	319	1, 490	161	11
営業費用	1, 527	1, 685	657	338	535	3, 462	3, 015	1, 197	85
（事業費）	1, 319	1, 498	504	239	410	3, 048	2, 661	958	65
内、選手・チームスタッフ人件費[注]	607	792	393	141	162	2, 188	1, 546	523	42
（一般管理費）	208	187	153	99	125	414	354	239	20
営業利益	▲ 350	▲ 76	8	3	51	▲ 218	▲ 872	▲ 2	▲ 14
経常利益	▲ 154	27	8	▲ 2	55	▲ 201	▲ 878	6	▲ 14
当期純利益	▲ 156	26	8	▲ 2	32	▲ 197	▲ 878	6	▲ 14
■財政状態									
総資産	983	902	179	124	116	756	591	442	23
総負債	1, 181	454	62	144	209	890	587	382	16
純資産（山形は正味財産）	▲ 198	447	116	▲ 20	▲ 93	▲ 134	4	59	6
資本金（山形は基本財産）	2, 556	2, 328	0	82	157	22	89	228	43
繰越利益剰余金	▲ 2, 754	▲ 1, 880	116	▲ 102	▲ 250	▲ 156	▲ 866	▲ 168	▲ 43

注：含まれる項目
・監督・コーチおよび他のチームスタッフ人件費（下部組織を含む）
・選手人件費（報酬の他、支度金、移籍金償却費を含む）

(2) スポーツ組織の特性と決算情報の開示

スポーツ組織の多くは任意団体、公益法人、NPO法人である。株式会社はプロスポーツにはあるが数は少ない。Jリーグは31クラブ中30が株式会社であるが、中央団体であるリーグが社団であるため、各クラブの情報開示は、前項でみたように、株式会社ではあるものの社団としての理念に沿うかたちで実施されている。

公益法人とNPO法人は不特定多数を対象とする事業を実施している。これに対して、任意団体の中には公益的な活動をしているところもあれば、メンバーシップ型の――つまりメンバーだけを対象とし、また意識して活動をしているところも多いものと思われる。

コーポレート・ガバナンスの用語でステイクホルダーというものがある。日本語では「利害関係者」と訳される。要はその組織の事業活動に関わりを持つ人や団体等である。図8の左は一般的な株式会社のステイクホルダー構造を、そして右はJクラブの典型的なステイクホルダー構造をあらわしている。

Jクラブのステイクホルダーはこのように多様だが、スポーツ組織によっては、ステイクホルダーが少ないものもあるだろう。たとえば、メンバーシップで運営され、地域で開催される大会に出場することと、そのための練習を目的としているチームであれば、ステイクホルダーはメンバーだけである。とはいえ、間違いなくステイクホルダーは存在している。また、メンバーを増やしたい――つまり仲間を増やしたいという意思を持つのであれば、将来のメンバーという、2番目のステイクホルダーが生まれることになる（これはメンバーシップ組織でも運営原理が公益的な非営利組織と同じになるということである）。そして組織外にサービスを提供する——たとえば小学生を対象にスポーツ教室を開くということになると、対価を得ているかどうかにかかわらず、その保護者はステイクホルダーになる。もちろん、対価を得れば財務についての説明責任が生まれる。

このように、スポーツ組織はその外形にかかわらずステイクホルダーを持つが、おそらくその特徴は、事業を拡大するのに伴って、ステイクホルダーの種類が多くなるということである。収入の章で述べたように、スポーツ組織は収入科目が多い。これは取引（経済取引以外のものを含む）相手の種別が多いことを意味している。換言すれば、ステイクホルダーの種別が多い。そしてそれぞれのステイクホルダーに対して、スポーツ組織は事業活動とその成果を説明する必要がある。結論は、情報開示、経営の透明化が進められなければならないということである。

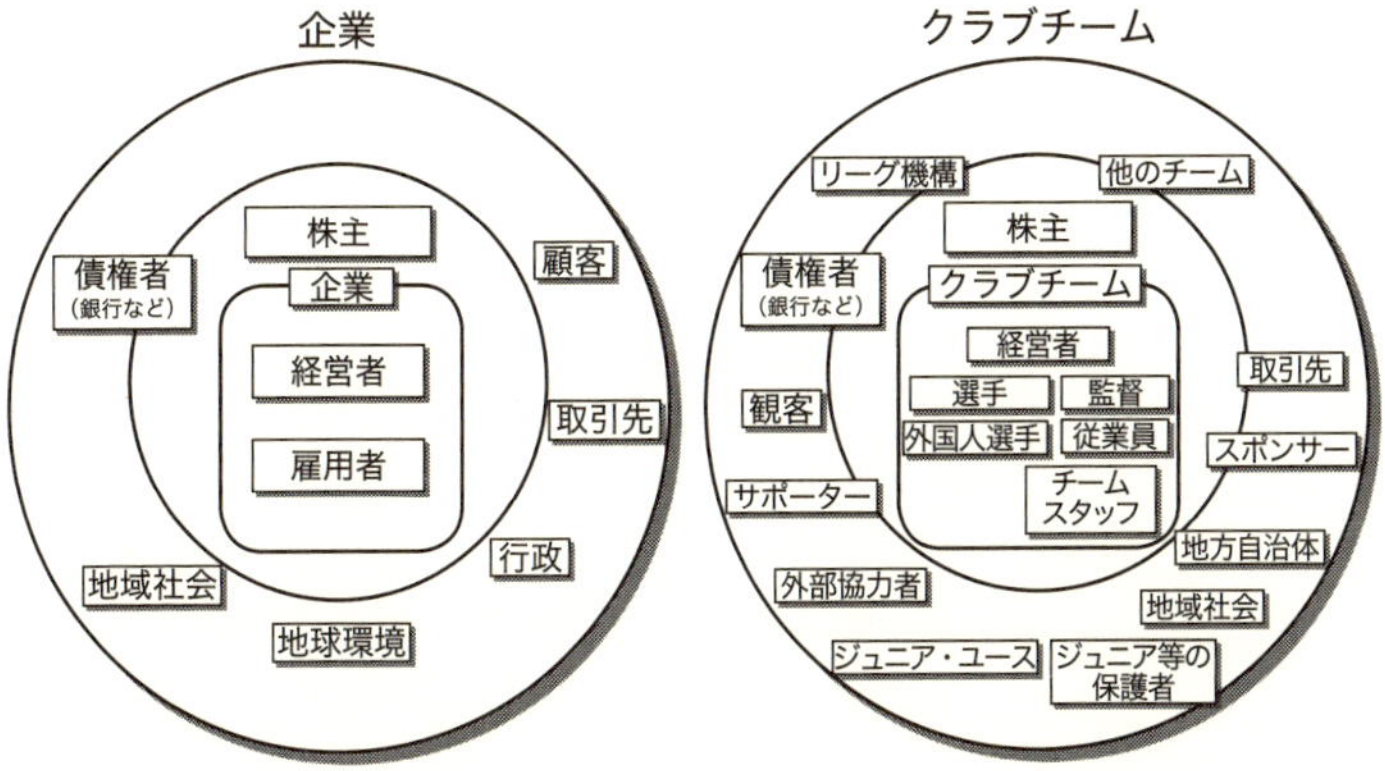

図８　企業とスポーツ組織のステイクホルダーの違い

第10章 財務リスクのマネジメント

1・財務リスクの類型と影響

財務リスクは、日常的な事業運営においては、あまり意識しないでよいテーマである。というより、意識しないで済めばそれに越したことはない。しかしこれは逆に言えば、財務リスクのマネジメントについての知見が、事業経験に比例して蓄積されるものではないということでもある。

理由の第一は、リスク顕在化の頻度が低いことである。毎日経験していることであればノウハウも蓄積される。1年、あるいは10年に一度では、ノウハウにならないし、担当者も交代していることが多いだろう。第二は、スポーツに限らずさまざまな組織において、失敗情報は流布・共有が難しいという点である。当事者がそれを公にしないためである。結果として、いろいろな組織・会社が似たような初歩的な失敗を繰り返すことになる。本章では、なるべく具体的な（とはいえ固有名詞は控えるが）例を取り上げ、これらへの対策を提示することとしたい。

❶ 入金の遅延

キャッシュフロー・マネジメントの項で指摘したとおり、日常的な財務運営の基本は資金繰り管理である。したがって、財務上のリスクは、原因が何であれ、予定していたお金が入ってこないことによって顕在化する。

お金が入ってこないのは現象であって、その理由としては、取引先の倒産など、次項以下で述べるようなさまざまなものがあるが、一般的な取引において入金が遅延する理由としては、

①契約書など、取引に関する文書で入金の時期を特定していない（あるいはそもそも契約書を取り交わしていない）

②取引先の仕組みとして、請求書を発行しなければ経理処理がなされないことになっている

③取引先の支払サイト（請求書を受け取ってから支払いまでの期間）に関するルールが変更されている

④取引先が事業不振、あるいは現金不足に陥っている

⑤契約の履行期間が特定されていない

といったものがある。

最後の項は少しわかりにくいかもしれない。たとえば、スポーツ組織の決算期が12月だとする。

競技も12月までにシーズンが終了する。この組織が協賛金を得る場合、受け取るほうは、12月までのシーズンの協賛金であると認識するだろう。しかし、スポンサーの決算月が3月だとすると、スポンサーにとっては、支払っている協賛金は、4月から翌年3月までの広告宣伝費であり、期末までのサービスの提供（ユニフォームやパンフレットなどへのスポンサー名の掲示）を確認した上で対価を支払おうとしていることも多いはずである。とくに悪意もなくそう考えているスポンサーもいるだろうし、手元現金が不足しているので支払いを遅らせたいと考えているという場合もあるかもしれない。理由はともあれ、履行期間や支払期日が特定されていない取引で起きがちな問題である。

入金の突然の遅延は、受け取る側の企業にとって、致命的なものである。お金がなければ支払いができない。そして取引先に対する支払の不履行は、倒産を意味するからである。

2 取引先の倒産・破綻

(1) 取引先の事業不振と連鎖倒産

1990年代後半において、日本の企業法で大きく変化したものの一つが破産法制である。具体的に言えば、企業は破産しやすくなった。というより、破産させやすくなったと言ったほうがよいだろう。典型は民事再生法であり、破綻する企業の当事者以外（取引先など）が民事再生を申請し、裁判所がこれを認めれば倒産の手続きに入ることになる。

民事再生法以外の理由としては、担保価値の下落、金融機関の行動原理の変化の影響も大きい。

銀行に関する項で記したように、銀行は債務者（借り手）について定期的に自己査定を行い、経営状況が芳しくなければ引当金を計上する。引当金は現金支出ではないが損益計算書上の費用なので、銀行の決算は引当金計上によって劣化する。これを防ぐには、追加的な融資をするわけにはいかないのである。

スポーツ組織が取引の対象としている企業は健全でも、その企業の取引先が健全でなければ、連鎖倒産のリスクがある。すなわち、

- 取引先Aの取引先Bが倒産する
- AはBに対する債権を回収することができない
- Aが倒産する
- Aを取引相手としているスポーツ組織への入金が実現されない

というものである。

このような問題は、リスク――すなわち一定の確率で発生する危険――というより、一種の不測事態（コンティンジェンシー）だと言ったほうがよいかもしれない。換言すれば、予測することができないものである。とはいえ、発生確率が読めなくても発生するから不測事態という名前がつけられているので、対処は意識されていなければならない。

(2) 固定資産の毀損

日常的な業務運営上の取引以外にもリスクがある。例として、フットサルチームがクラブスペースを商業集積地に賃借している場合を想定する。この場合、リスクがあるのは賃借に伴う保証金である。クラブが支払う保証金は、クラブではバランスシートの固定資産に計上される。家主のバランスシートでは負債である。

この家主が倒産した場合、保証金はクラブにとって債権であり、かならずしも回収することができない。かといって、保証金を支払わない賃借契約にしようとすると賃料は高くなる。家主はフットサル場を整備するのに一定の資金が必要なので保証金を求めようとするだろうし、保証金は商慣行としては一般的なものである。

さらに問題なのは、クラブにスペースを賃貸しているのが地権者や建物の所有者ではなく、賃借している会社の場合である。この場合、貸し手に保証金を支払ったとしても、貸し手自身が資産を持っているわけではないので、保証金の差し入れにはかなりのリスクを伴うことになる。

3 他の入金機会損失

組織が取引相手を選ぶということは、一面では、他の潜在的な主体との取引を選択しない、諦めることを意味している。たとえば、ユニフォーム・スポンサーと契約することは、そのユニフォームの同じスペース（たとえば胸や背中）を欲しがっている別のスポンサーとの契約を見送るということである。スポーツ競技はメディアの一種であり、有限のメディアをスポンサーに配分している。そして、有限なもの、排他性の高いものほど価値が高い。このようなメディアを買うスポンサーがデフォルト（支払の不履行）した場合、スポーツ組織の損失は、得られたはずの資金を失う以上のものだということができるだろう。

また、カテゴリー・マネジメント上の問題もある。たとえば、胸のスポンサーが不動産会社だとすると、背中などのスペースについて、これと同業のスポンサーと契約することはまずできない。つまり、スペースの有限性による排除だけでなく、業種による排除もある。

4 エージェントの契約の不履行

さて、ここまでは、

- クラブがサービス等を提供し
- その買い手が対価を支払わないケース

を主に検討してきた（保証金の例は別である）。これに対して、

- クラブが対価を支払っているのに取引が実行されない
- クラブが取引を実行する意思があるのにサプライヤーの都合で取引が実行されない

ということがある。これは事業リスクの一種だが、結果的に財務リスクともなるものである。

たとえば、遠征や合宿の代金を支払った後に旅行代理店が倒産する、あるいは連絡がとれなくな

るというケースでは、遠征を諦めるか、再度別の代理店に費用を支払うことになる。あるいは、入場券やポスターの印刷を頼んでいた印刷会社が納期までに品物を持ってこなければ、販売活動を実施することができない。機会損失である。その印刷会社が作業を「忘れ」ていて、今からでは発注しても間に合わないとなると、間に合う印刷会社を探す。ただし、特急料金を取られるので価格は何割か高くなる。このような例が示しているのは、たとえ代金を支払っていなくても、予定している活動が実施できなければ、それが財務にも大きな影響を与えるということである。またしたがって、その意味では、サプライヤー管理は、財務マネジメントに直結する行為なのである。

5 事業不振の財務への影響：減損会計

ここまでは、財務の中でもキャッシュの不足をもたらすようなリスクについて取り上げてきた。しかし、財務リスクという場合には、それだけでなく、財務諸表で開示される情報が劣化する――すなわち、損益が低下する、場合によっては赤字になることに伴うものもある。たとえば、2007年の減価償却制度の改正によって、これまで累計の償却額は取得価額の95％であったものが100％になった。結果として、差異の5％分について、計上される償却費が増加し、収益が低下することになる。

さらに影響が大きいのが減損会計である。減損会計の対象、および検討プロセスはそれぞれ図9、10のとおりである。

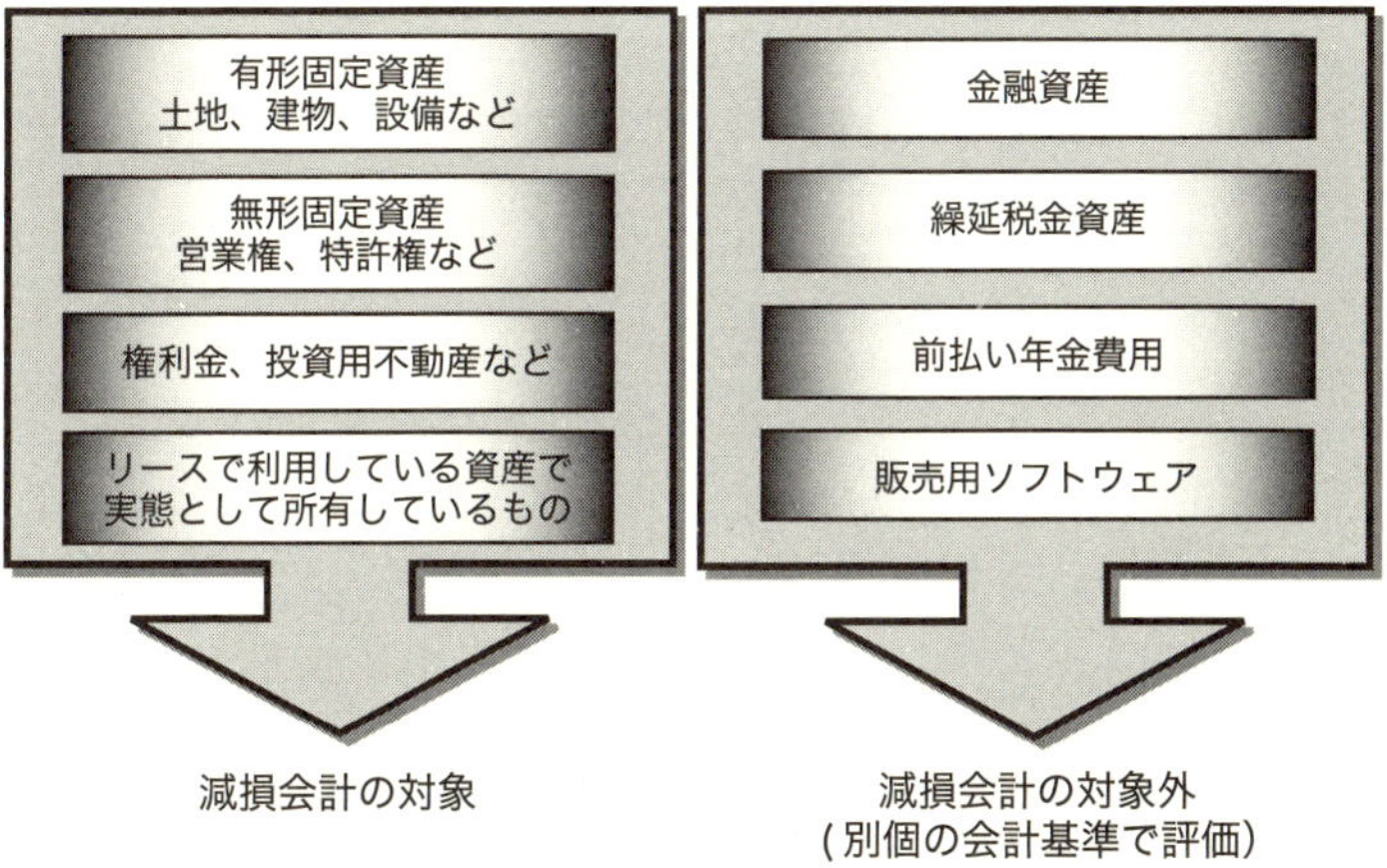

図 9　減損会計の対象となる資産、ならない資産（主なもの）

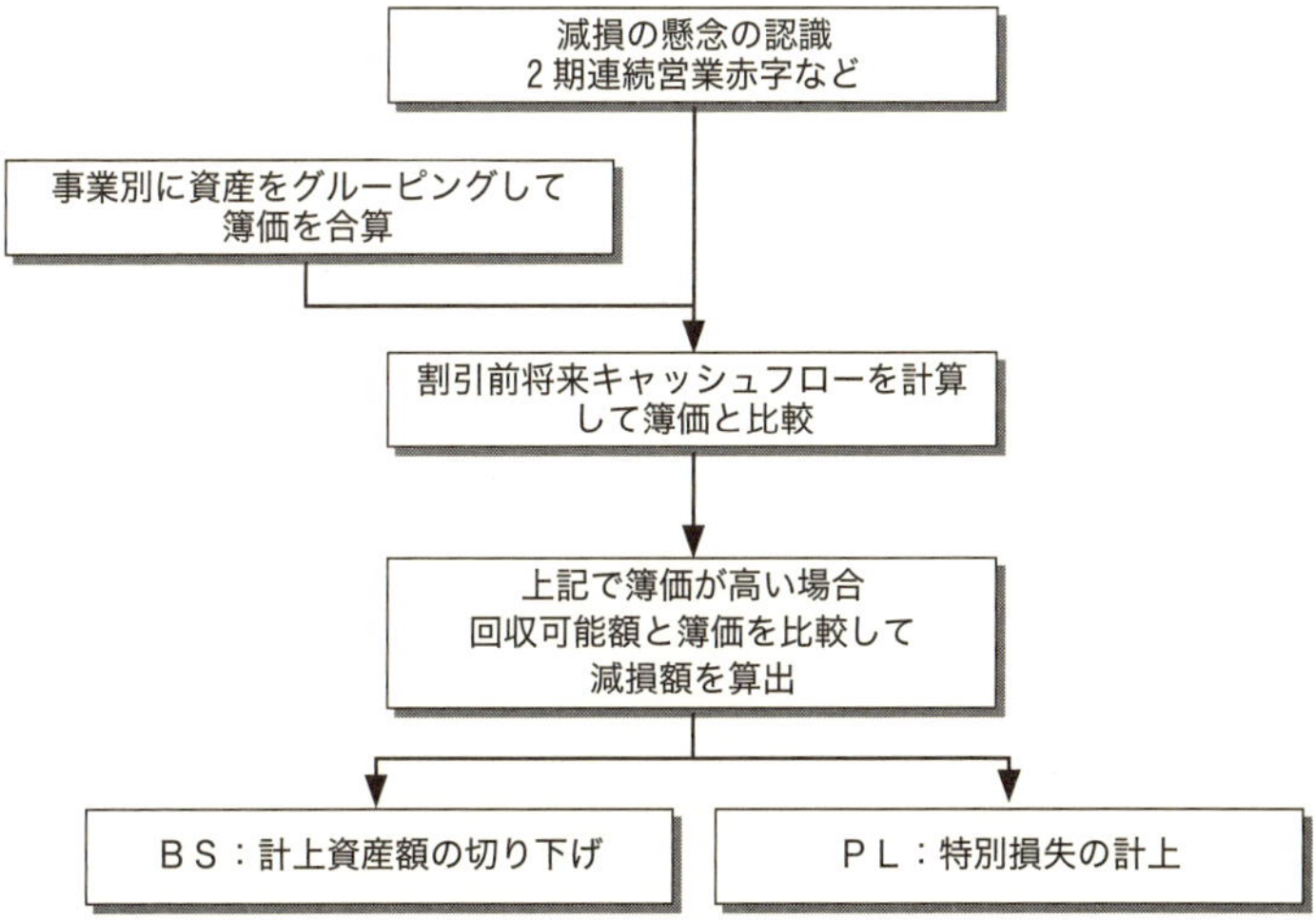

図 10　減損処理のフロー

減損会計は、企業全体ではなく、一つの事業部門が2期連続して営業赤字になった場合に検討が始められる。具体的には図10にあるように、該当する事業部門の資産額を計算し、これと事業が生み出す将来キャッシュフロー（割引前）を比較する。そして、もしキャッシュフローが資産額より小さい場合は、資産額をキャッシュフローと同額まで減額する。減損額は損益計算書の費用に計上されるとともに、貸借対照表に計上される資産額も減損後の価格に再評価される。

この結果として影響が大きいのが損益である。実施している事業が一つである場合、認識の端緒は2期連続の赤字であり、事業に収益力がない。これに減損額が赤字として言わば「上乗せ」されることになる。特定の事業部門は赤字だが、複数の事業を実施していて、全体としては損益が黒字になっている企業も、減損の結果として、全体の利益が低下、または赤字に転落することになる。

このような問題は、事業に供する資産を多く持っている事業ほど深刻である。とくに事業を開始した直後、換言すれば資産価額が大きい段階での減損は、減損額も大きくなるので問題が深刻である。

【ディスカウント・キャッシュフロー（DCF）法について】

DCF法とは、事業が生み出す将来キャッシュフローを、一定の割合でディスカウントし（割引い）て現在価値（割引現在価値：NPV=Net Present Value）に修正し、事業投資の適正性を判断する手法である。

ディスカウントを行う理由は、

・事業には一定のリスクがある
・投資資金を他の事業や金融投資に回せば収益が得られる

といったことである。割引率は恣意的なものだが、DCF法の目的は投下資金の回収に必要な期間（年数）を測定することなので、多少上下しても事業評価に大きな影響を与えない。また、割引率を複数設定することによって、割引率による回収期間の変動のシミュレーションを行うのも一般的である。

2・リスクマネジメント

事業活動とは、リスクをとりにいく、リスクテイクする行為である。リスクテイクの見返りとして収益や余剰が生まれる。またリスクを意図的にとりにいかなくても、事業活動に伴って直面するリスクは多い。したがって、リスクは回避できればそれに越したことはないが、回避できない、一定の確率で発生するリスクもある。対処方法の基本的な類型は、

・回避する

表18　ディスカウント・キャッシュフローの計算例

	0年後	1年後	2年後	3年後	4年後	5年後	6年後	7年後
投資額	-100	−	−	−	−	−	−	−
キャッシュフロー	−	20	20	20	20	20	20	20
現価係数(割引率6%)	−	0.94	0.89	0.84	0.79	0.75	0.7	0.67
NPV	−	18.9	17.8	16.8	15.8	14.9	14.1	13.3
累積NPV	−	-81.1	-63.3	-46.5	-30.7	-15.8	-1.7	11.6

・ヘッジする（つけかえる）
・予防（発生を抑止）する
・リスク顕在化後に、損失を抑制する
・損失に耐えるだけの資金力を持つ

といったものである。

この中で耳慣れないのはヘッジ（つけかえ）であろう。例をあげれば、保険に加入するのは、保険料を支払って保険会社にリスクをつけかえる行為である。住宅ローンを借りる人が保証会社にお金を払って保証を依頼するのも同様である。以下では、スポーツ組織を念頭に置いて、基本的なリスク対応施策について示す。

1 信用調査

取引先は一定の破綻リスクを抱えた存在なので、それが売り先である場合も、またサプライヤーだとしても、一定の信用調査が必要になる。

具体的な方法としては、帝国データバンク、東京商工リサーチなどの信用調査機関に調査を依頼する。これらの機関は、金融機関の依頼に基づいて、数多くの企業の信用調査を実施しているので、調査を依頼したいと考える企業について、すでに調査を実施済みであることも多い。この場合は短期間、かつ安価に情報を入手することができる。

大企業、とくに上場会社で、債券を発行して格付を得、これを公表している企業については、格付によって信用調査に代替することができる。上場会社でも格付を得ていない企業については信用調査を行うことが望ましい。

2 契約書の整備

取引金額が大きい場合は、契約書をあらかじめ手交しておくことが重要である。契約書の主な目的は、

- 取引内容を明確にすること
- 取引期間を明確にすること
- 対価を明確にすること
- 対価の授受の期日を明確にすること
- 相互の権利と責任を明確にすること

などである。

3 入金時期の早期化

キャッシュフロー・マネジメントの項でも指摘したように、入金時期の早期化は資金繰り改善の基本的な手法であり、資金に関わるリスクを低減する。またそれだけでなく、取引に伴う回収リス

クの予防・回避にも役立つ。

たとえば、半年後の、かならずしもあてにならない収入を原資として、スポンサーになろうとする企業があるとしよう。支払いは期末でよいとすれば、この会社はスポンサー契約が可能である。しかし、契約時に半金、あるいは3分の1を支払うという契約内容にしておけば、諦めるかもしれない。契約後にデフォルトになるより、契約がないほうがましである。また前金をもらうという契約案を提示して、相手が3ヶ月後、あるいは契約完了時に支払うという対案を提示する場合は（そのような大企業もあると思うが）、相手の規模や知名度によっては契約を考え直したほうがよい。契約書は相手の支払い能力を評価する手段にもなるということである。

4 手形あるいはファクタリングの利用

取引に伴う支払いは銀行口座への振込みが主流となり、手形はあまり利用されなくなった。しかし口座振込みの場合、売り手は入金リスクを回避したり、資金繰りを調整することが難しい。買い手が手形を発行するのであれば、売り手は資金繰りが苦しい場合、これを一定の料率で金融事業者に割り引いて（買い取って）もらい、資金を得るとともに買い手のデフォルト・リスクを気にしないで済むようになる。

ファクタリングは手形に代わる債権回収手段であり、特徴は、回収リスクが売り手からファクタリング事業者にヘッジされるだけでなく、回収事務もファクタリング会社が代行するという点である。事務代行機能が付加される等の理由で、ファクタリングの料率は手形より高くなるが、売り手には債権回収事務から解放されるというメリットがある。

5 コンティンジェンシー・プラン

コンティンジェンシー・プランは、日本語では不測事態対応計画と呼ばれる。危機管理計画としている例も多い。緊急避難措置および計画を指す。不測の事態が発生した場合に、その損害を最小限に抑えるための緊急避難措置と、機能を迅速に復旧するための行動計画を含む。

不測といっても、どのような事態を対象とするかは想定しておく。具体的には地震、台風などの自然災害、火災、製品リコール、情報システムダウン、停電、銀行の風評による預金の引出しなどである。あらかじめ計画を策定しておくことにより迅速な行動を実現し、被害の最小化、普及の迅速化を目指す。

企業組織は、日常業務を遂行することを目的として最適化されている。逆に言えば、想定外の事態に対応するためのルールは、明示的にも暗黙的にも整備されていない。このため、いったんそのような事態が発生すると、機能の停止、意思決定の失敗等を招くことになりがちである。

このように書くと、平均的な規模のスポーツ組織の財務リスクとは無関係に感じられるだろう。重要なのは、大規模災害ではなく、日常的なリスク顕在化の場面を想定して、迅速な対応施策をあらかじめ用意しておくことである。たとえば、

・数日後の（あるいは明日の）入金の遅延要請があった場合
・荒天のため競技会が開催できず、当日券の入場収入を得られないことになった場合
・同じ理由で前売券の払い戻しが多額になった場合
に、緊急対応策、および日常的な対策を準備しておく。
とはいえ、緊急の対応策として実施できるものは限られている。具体的には、
・支払先に猶予を依頼する
・銀行からお金を借りる
などが主なものである。方法が限定的であるとはいえ、対応できる員数と時間は限られているので、あらかじめ役割分担と行動を決めておくことが必要になる。

第11章 中長期のファイナンス計画

1・中長期事業計画とファイナンスの連動

1 中長期の事業計画と資金需要

(1) 中長期事業計画の必要性

多くのスポーツ組織は、短期的な資金繰りに悩まされながら運営されている。しかし、一部ではあるがこのような問題と無縁の組織もある。また、たとえ短期的な問題を抱えているにしても、事業や活動の将来を構想し、これを実現する手段としてのファイナンスを検討しておくことは重要である。

事業計画は、一般的に年度単位を基本とする。公益的な組織であれば収支予算計画の策定が求められる。上場している株式会社であれば次年度の損益予想が対外的に必須であるし、これを作成するための作業段階で、年度の予算計画も策定されている。

しかし、事業活動や投資活動は、年度をサイクルとしているとは限らない。投資は事業に先行して実施されるので、成果が得られるのは次年度以降になるのが一般的である。また、資産を活用して事業を実施するなら、その資産を利用できる期間全体についての構想が必要になる。投資もあまりせず、したがって資産も持たず、毎年度同じ事業を実施している場合でも、どのようにして事業を拡大、あるいは活性化していくかについての構想は年度を超えるだろう。またそもそも組織・事業とは環境に適応して存在するものなので、将来の環境を見越して中期的な適応計画を立案しておくことに意味がある。

(2) 計画策定期間

一般的に、中期事業計画は3年単位で策定される。不動産開発のように、投資から回収までの期間の長いビジネスについては5年計画も見られる。財務的にある程度正確・現実的な計画を策定できる期間が3年ないし5年ということである。長期計画についてはとくに一般的な計画期間はなく、5~10年というのが多い。あるいは「きりのよい」期間として2015年まで、団体設立50周年までの7年間といった設定の仕方もある。サッカーのJリーグは、よく知られているように「百年構想」を策定している。日本サッカー協会は、2015年までの目標、2050年までの目標をそれぞれ掲げている。これらの長期計画は、財務的な記述を含んでいないことが多い。要は「ビジョン」である。したがって、ファイナンスが関与するのは、多くの場合中期計画である。

(3) プロジェクト・マネジメント

中期計画の構成要素となるものに、「プロジェクト計画」がある。前述のように、組織が実施している事業は、複数年の投資～実施～回収を前提とするものが多い。このような個々の事業単位をプロジェクトと呼び、管理するのがプロジェクト・マネジメント（PM）である。PMは事業年度に拘束されず、一つのプロジェクトがあたかも独立した会社のように収支計画を策定

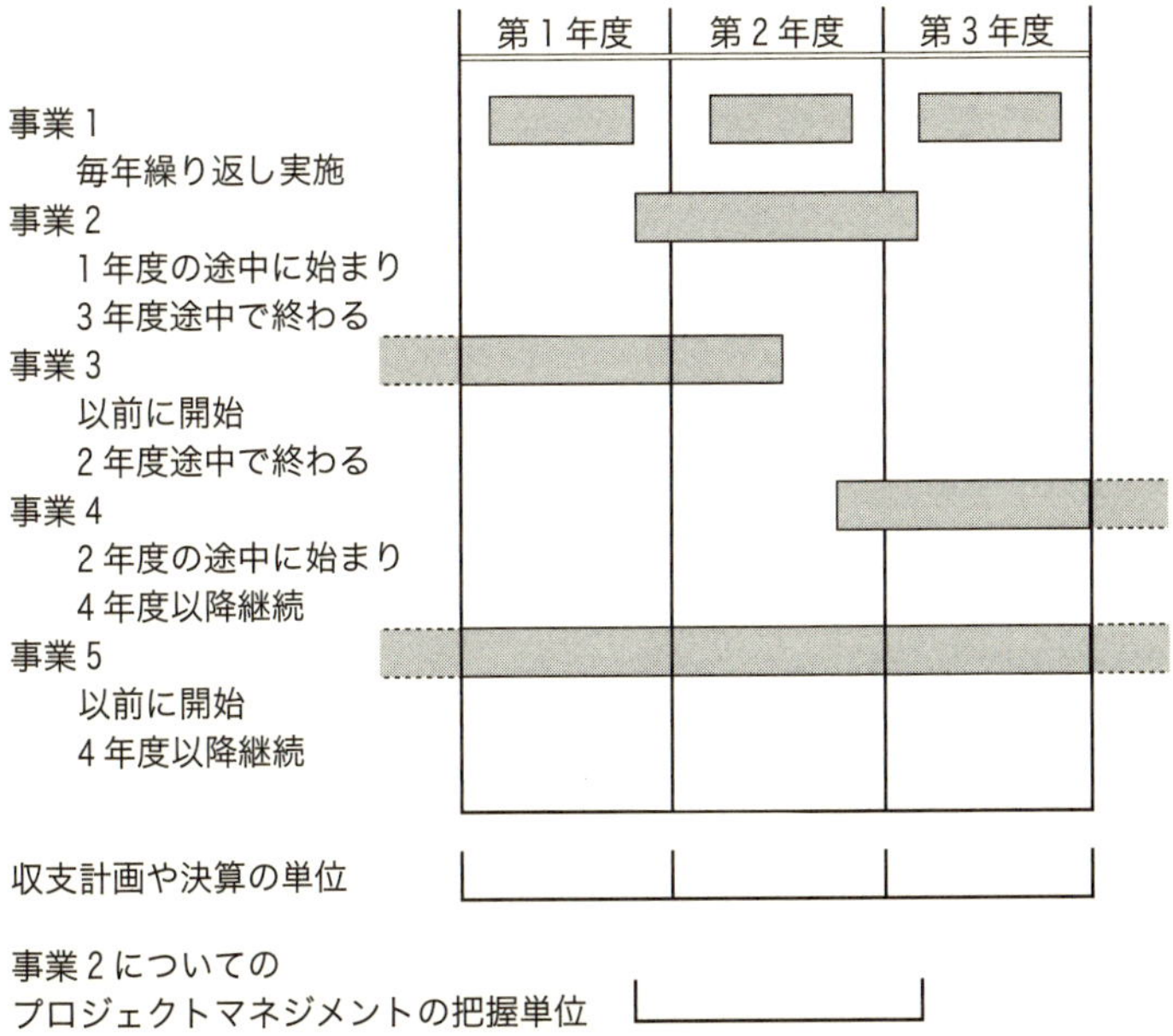

図11　事業年度と事業期間の関係

する。これを年度単位あるいはそれ以上の期間を単位として、言わば「切り取った」ものが年度計画・中期計画であり、その集合が組織全体としての年度計画、中期計画になる。

2 具体的な投資目的

イメージを明確にするために、どのような投資が複数年度にわたり準備され、利用されるのかを具体的に考えてみよう。

(1) スタジアム・アリーナ

競技施設は、スポーツ組織の高額の事業投資対象の典型である。その費用は数億円から1000億円に上ることもあるだろう。1000億円のスタジアムは、大企業でも建設コストを負担することが難しい。また、日本では建設コストだけでなく用地費用も大きい。このため、大規模な施設を整備できるのは、行政にほとんど限定される。

とはいえ、スポーツ組織がスタジアムないしアリーナを保有する可能性もある。具体的には、このような施設を有する会社の株主になる、あるいは運営会社の株主になることによって、部分的なオーナーシップを発揮することが可能である。換言すれば、施設を他の主体と共有するということである。

共有の仕方としては、

・区分所有
・合弁会社への出資

などがあり得る。

(2) 練習場

練習場は観客席を必要としないので、建築面積や設備費用の面で、競技場より安価で建設できる。一方、チームによる使用頻度は、競技場より練習場のほうが高い。練習場は毎日使用するものである。換言すれば、ほとんど「占有」される。このため、公共による整備には不向きであるため、チーム自身が確保しなければならない。つまり、スポーツ組織は競技場については第三者に依存することができる可能性が高いが、練習のための施設についてはコストをかけなければならないのである。

(3) オフィススペース、選手宿舎

チーム運営会社のオフィスについては、一般的な事務所を賃借する場合には、毎月の賃料とは別に、入居時に保証金が必要である。賃貸住宅の敷金(および礼金)に類似のものだが、金額は関東の常識からすると、敷金、礼金より保証金のほうがかなり高い。保証金は礼金とは違い、賃借人の固定資産であり、退去時には返還されるので敷金と同じ性格のものである(ただし退去時に借りて

いたスペースの原状復帰が義務づけられているのが一般的である）。

選手の宿舎は賃貸住宅の一種だといえる。したがって住宅を新たに建設する必要はなく、賃貸住宅を借りれば済むようにも思われるが、選手を宿舎に住まわせる目的が、

・食事管理

・年俸が低い（したがっておそらく若年の）選手への住宅の提供

であるとすると、食事を提供する機能が不可欠なので、いわゆる「借り上げ」方式の賃貸住宅では目的を達成することができない。調理場と食堂のある施設が必要になる。そのような施設は、一般の賃貸住宅とは違い、いつも供給されているわけではないので、自前で建設し、要員（調理師など）を確保する必要があることも多い。

(4) 器材

競技、トレーニング、および医療関係の設備や器材は、スポーツ組織が持たなければならない主要な設備である。これらを取得する際、購入して資産に計上する方法と、リースやレンタルを利用して資産計上をしない方法とがある。どちらの方法を採るにせよ、その器材を使用している間コストがかかるという点では同じである。

(5) 催事・競技会

第4項までは、費用を投下して一定の資産を取得することを目的とするものであるが、これ以外にも中期的にコストの問題を考えておかなければならない課題がいくつかある。典型は競技会、催事（周年事業）などである。

たとえばサッカーでは、FIFAにとって最大の収入源はワールドカップである。そしてこれまでは、4年に一度の収入が、それまでの3年間の費用をまかなうという方法が採られていた。採られていたというより、その3年間の支出をまかなうだけの蓄積がないということである。現在のFIFAは、ワールドカップ

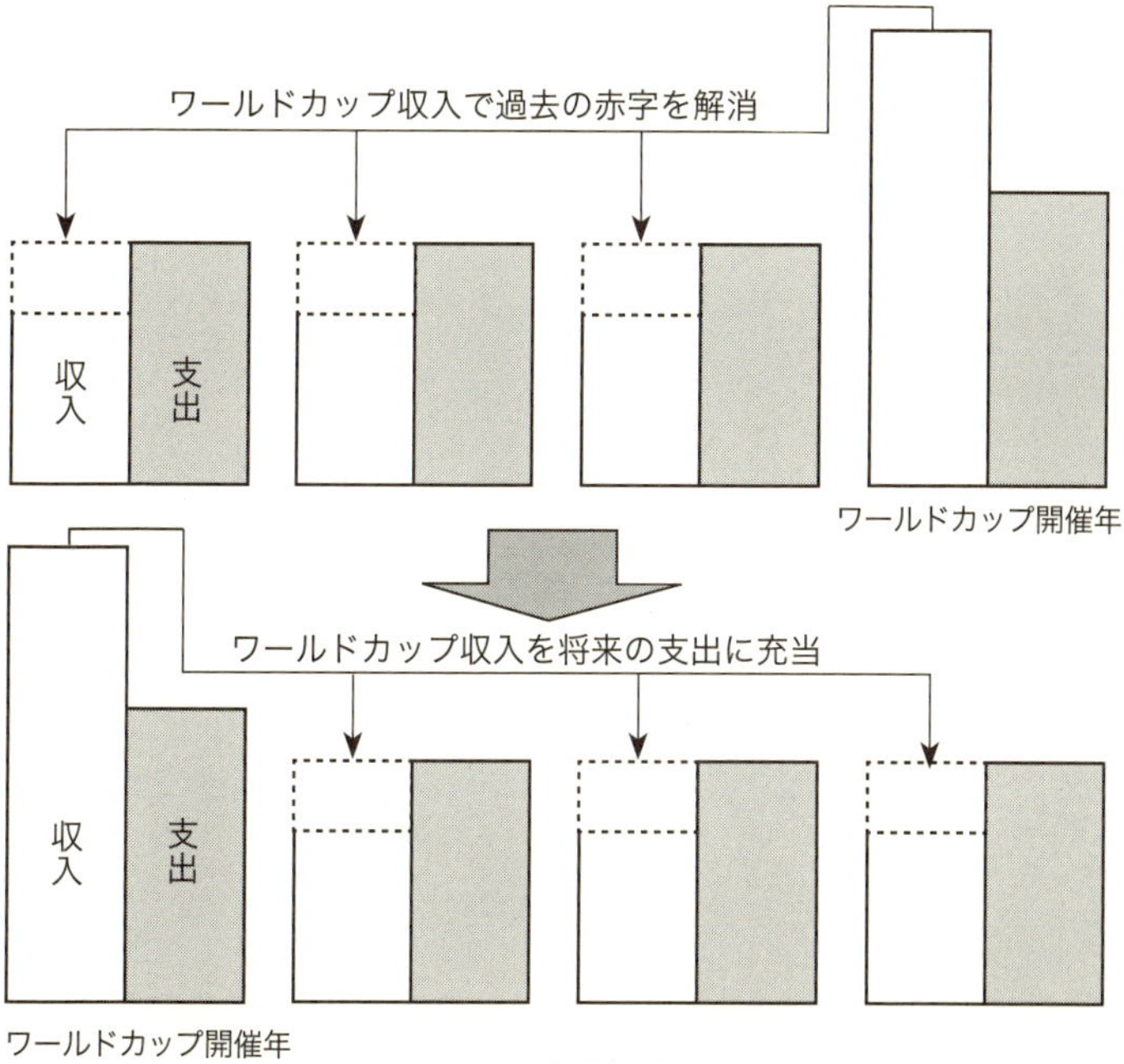

図12　FIFAの資金計画の変更

の収益を、その「後」の3年間の支出に充当しようとしている。本書で説明した用語にしたがうなら、資金繰りが好転したということになる。

何年かに一度開催されている大会であれば、どの程度の費用が発生するのかについて、それなりに経験を蓄積することができる。収入についても、確実なものや、努力しなければ獲得できないものがどの程度なのかがわかっている。コストが投資で、収入が広い意味でのファイナンスである。

今となってはちょっと信じられないことかもしれないが、1984年のオリンピック開催地がロサンゼルスに決まった時、他に候補として名乗りをあげた都市はなかった。その理由は、オリンピックの開催には大きな費用がかかり、それを負担できる都市、あるいは国がなかったからである。ロサンゼルスオリンピックは商業的に成功し、これがその後のオリンピックのモデルとなった。このおかげで現在では開催都市の立候補が増加している。開催都市に財政上の負担がある点は昔と変わらないのだが、ファイナンスの方法が見えるようになったということなのである。

2・資金調達の方法

1 自己資金の蓄積と基金

株式会社の場合、長期的な事業資金を調達する手段は増資、または借入れである。概念区分としては、自己資金に該当するのは増資と内部留保である。ただし内部留保については法人税課税後に留保される点がデメリットといえばデメリットである。

社団法人などの公益法人については、増資という選択肢がない。ただし、毎年の収支差額を蓄積することが可能である。株式会社では、利益は課税の対象になるが、公益法人は目的を明確にすればこの問題を心配しなくてよいのである。具体的な方法としては、

- 経常的な余剰
- 目的（使途）を特定した寄附金、協賛金などの収入

を特別勘定あるいは基金などに蓄積し、自己資金とすることができる。

2 借入

借入に際して、返済能力の証明を求められる点は、法人格、あるいはその有無によらず同様である。スポーツ組織の日常的な事業活動のキャッシュフローが乏しい――要は収支均衡であるとすると、そもそも返済は困難なので、あまり借入れに依存することはできない。

3 寄附・募金

寄附収入を得ることは、公益法人などの非営利組織が中期的な投資の原資を調達する手段として有効である。使途を明示して募った寄附・募金などについては、一般会計とは別勘定にして管理する。

4 会費

会費収入は、うまく増加させることができれば、寄附金以上に、組織の自己資金を拡大する手段となり得るものである。全国的なスポーツ団体が徴収する登録料も会費の一種であるということができるだろう。

年会費の額は、おおむね固定的である。したがって、もし会員数を2倍にすることができれば、当たり前だが収入が倍増する。会員に対するサービスの量も増加するが、収入の増加に比べれば費用増加の度合いは低い。また、そもそも会員を募ってサービスを提供したり、会員の活動の場を提供する、あるいは会員が望む公益的な活動を行うというのが組織のいわば本業であるとすると、会費収入の増加↓組織の活動量の増加↓コストの増加――というのは、たとえ結果として限界的な収支が均衡（つまり余剰が生まれない）であるとしても、組織の目的にかなっている。

スポーツではないが最近の日本で劇的に会員数を増加させた組織としては、特定非営利活動法人日本ファイナンシャル・プランナーズ協会がある。この協会はファイナンシャル・プランナーの資格について試験実施・認定を行う任意団体として発足したが、銀行、証券会社、保険会社などが社員の教育と資格取得を励行したことにより15万人を超える会員を擁する団体になった。協会の収入は増加し、また組織も大規模になったのでＮＰＯ法人格を取得し、ファイナンシャル・プランニングの普及啓蒙を目的として、会費収入を原資として公益的な活動を実施している。これは、メンバーシップ型の団体が、会員が増えたことによって余剰が生まれ、公益的な事業活動を実施できるようになった例である。もちろん、メンバーシップ団体としての性格も有しているので、公益的な活動を行うことはメンバーの同意によって実施が可能となる。ファイナンシャル・プランニングの普及啓蒙は、メンバー（NPO法人の社員）にとって、中長期的には利益をもたらすものなので、事業として実施することについて同意されていると考えることができる。

スポーツの組織で会員数の増加に成功した例は、ドイツ・ブンデスリーガのシュトゥットガルトである。このチームは、会員数を増加させるために、スポンサーの協力を得て入会キャンペーンを実施した。具体的には、抽選で、

- 乗用車があたる
- 電気料金が1年間無料になる

などであった。結果として、チームの成績が上がったこともあって、会員数は数千人から5万人に増加している。会員は会費を支払い、それとは別にシーズン・チケットや前売券を購入し、スタジアムにやってくる。

念のために言えば、会員や入場者数の増加の方法は、チームが置かれた状況によって異なる。図13は、サッカーについて、成功を収めている三つの事例を比較したものである。日本のアルビレックス新潟は、計画的に招待券を配布して成功した。この理由は、住民にサッカー観戦経験が乏しかったからである。招待券で入場した人は、満席のスタジアムで観戦することに感動し、そのうちの

何割かはファンになり、お金を払ってチケットを買うようになった。

ドイツのシュトゥットガルトの場合は、このような方法は有効ではない。スタジアム観戦が面白いことは、多くの人がいちおう知っているからである。だからプレミアムをつけてまず会員を増やし、収入を増加させて強化に費用を投下し、結果としてブンデスリーガでの順位が上がり、リーグ上位のチームだけが出場できる、欧州レベルのカップ戦に出場する。会員はこのチケットを優先的に購入することができる、よい循環が生まれ始める。

スペインのバルセロナは、会員数を増やす努力をする必要がない。バルセロナでは会員はソシオと呼ばれる組織に所属するが、その権利はスタジアムの席数によって制約されているので、会員になるためには既存会員が退会するのを待たなければならない。現在、7～8年待ちの状態のようである。会員は低価格のシーズン・チケットを買うことができる。低価格であっても会員数は数万

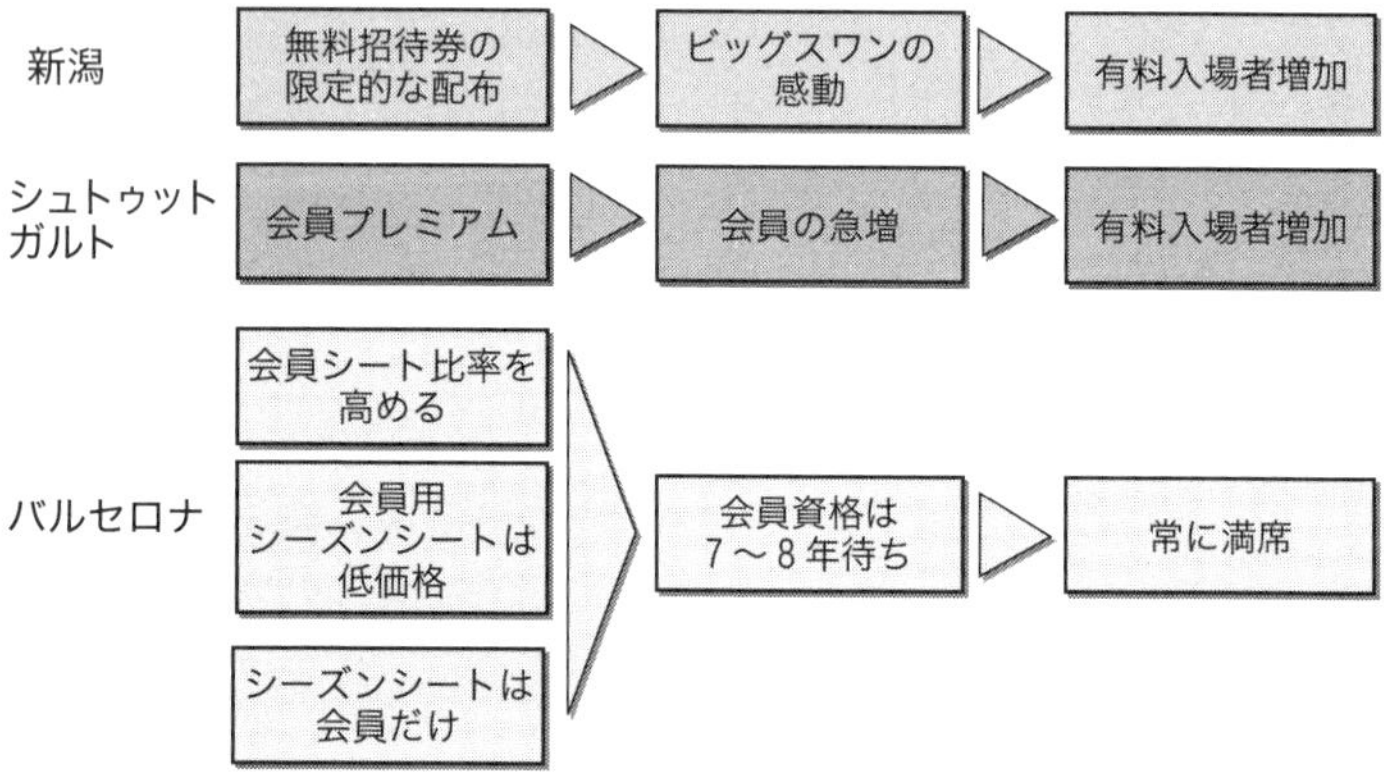

図13　新潟方式、シュトゥットガルト方式、バルセロナ方式

人なので、バルセロナの経営は安定しており、ユニフォームの胸にスポンサー名を冠していない。バルセロナの胸にはユニセフのロゴがついており、ユニセフはスポンサーではなく、費用を支払っていない。スポンサーがない（厳密に言えばオフィシャル・スポンサーは存在するが）ことにより、バルセロナはスポンサーの意向に経営を左右されることもない。会員より尊重される主体はないということである。

これらの例が示しているのは、会員数を増加させるための施策は、そのチームが置かれた状況によって大きく異なるという点である。日本はまだ、スポーツ観戦を習慣化することに努力を払うべき段階にある。ドイツでは、観戦の面白さを知っている住民の組織化が課題である。そしてスペインは、会員であることの価値を維持することが重要なのである。

3・中期的な財務健全性の判断基準と確保

中長期の事業計画とそのための資金調達について、とくに留意しなければならないのはリスクの問題である。前章で指摘したように、期間が長くなれば、それだけリスクも高まる。負債によって資金調達を行う場合は、償還（返済）可能性というリスクが拡大する。もちろん、長期になればそれだけ金利も高い。また債務を負っていないとしても、計画どおりに蓄積した自己資金で、事業費用を本当にまかなえるのかどうかということについての問題は残っている。事業費用にリスク（分散）があるということである。

1 事業（勘定、会計）別キャッシュフローの把握

複数の事業を行っている組織では（おそらくそうであることが一般的だろうし、中期的な投資を必要とする事業は本業の他に実施していることが多いので、中期計画を策定するということは、事業が複合化していることを意味している）、投資を必要としている事業以外の事業で、あるいは投資を必要とする複数の事業のうちの一つで、リスクが顕在化することもある。このような場合は、たとえ会計・勘定を区分していても、損失を生じた事業に対する補塡は、組織全体として実施しなければならないことが多い。使途を明示して提供された寄附金はこのような損失の補塡に充当することはできないが、それ以外の任意の蓄積については、管理会計上の区分がどうであれ（管理会計は文字どおり内部的な管理区分でしかないので）、全体として組織の収支・採算を構成することになる。

したがって、一つの事業の失敗、不振は、他の事業、ひいては組織全体に波及する。このような問題を予防するためには、事業ごとにキャッシュフローが常時把握されていなければならない。株式会社の場合は、部門別の営業利益やキャッシュフローがマイナスであればマイナスとして表示される。これに対して公益法人等では、たとえ会計を区分していても、ある会計の収支がマイナスである場合、他の会計からの繰入によって形式的にコストがまかなわれるような決算とすることが一般的である。とくに補助金を得ているような事業の場合は、欠損を翌期に繰り越すと、翌期の補助

金が、前期の欠損を補塡するもののように表示されてしまうという問題があるので、費用を負担してくれる主体との取引コストを下げることを目的の一つとして、収支均衡の決算とせざるをえないことも多い。また、補助金は事業費用の全額が支払われることがまれであり、事業費用の一部はそもそも一般会計からの負担によることが想定されているものが一般的である。したがって、一般会計からの繰り入れによる収支均衡を前提として事業が成立している。事業計画より繰入額が大きければ（つまり持ち出し負担が大きければ）それは収支差額として決算時に表記されるが、決算そのものは収支均衡なので、費用が当該年度に余計にかかってしまったこと、およびこれを次年度以降でどうやって改善するか、していくかは、次年度の予算・決算からは把握できない構造になっているのである。

このような問題を厳格に管理するためには、決算として開示する会計別収支とは別に、実質的な収支差額、あるいはキャッシュフローを計算し、管理会計上の資料としておくことが不可欠である。

2 中期計画の予実管理

重要なのは、過去の予算計画の成功と失敗を記録に残し、

- 支出が過大であればそれを縮小する努力をするか、中期的な支出計画を見直して現実的なものにする
- 収入が不足であればその原因を検討し、実行手順を含む拡大計画を策定する。収入が伸びそうもないなら、支出計画を見直す

・収入が予定より多く、余剰を計上できているなら、支出計画を見直す（換言すれば事業規模を大きくする、あるいは事業の質を上げる）

という活動につなげていくことである。年度単位で評価し、それで終わりにしてしまえば、その年度の教訓は次の年度に反映されない。結果として同じ失敗を繰り返したり、機会損失を生じることになるのである。

3 リアル・オプションの援用

以上のようなマネジメントを実施していくに際して役に立つのが、リアル・オプションという概念である。

オプションは「選択権」を意味する。ファイナンス用語としては、オプションはあらかじめ定められた価格で原証券（株式、金利、為替レート、株価指数など）を売買する権利を指す。これに対してリアル・オプションは、事業に関わる意思決定の自由度（選択権）を指し、投資評価に際しては金額に換算（価格が算出）される。現在急速に応用範囲が広がりつつある。

たとえば定期預金をするのに比べると、事業投資は環境（説明変数）が多様であり、小学校の算数で言えば「場合分け」をし、場合ごとの影響評価と意思決定が必要になる。また、意思決定は不可逆の行為であり、その決定が環境に影響を与えないとすれば、より後に行ったほうが確実性が高い。このため意思決定を後回しにする自由・権利に価値がある。このような権利を持つことにより、投資に対する利益の最大化やリスクの最小化を実現するのがリアル・オプションの目的である。

リアル・オプションは発展途上の概念であり、新たなリアル・オプションが投資やリスクヘッジの商品・サービスとともに開発され、概念として拡張を続けている。天候デリバティブやCO_2排出権もリアル・オプションの一種とみなすことができる。類型についても定説はない（例を表19に示す）。

中期的な事業計画において重要なのは、環境変化に応じて、ある程度柔軟に計画を修正していくことである。計画にこだわることも重要だが、事業のホールドポイント（進捗を確認するための時期・状況）とマイルストーン（参照すべき進捗指標）をあらかじめ定めておき、意思決定を現実的なものにしなければならない。

表19　リアル・オプションの類型（例）

オプションの種類	内　容
延期オプション タイミングオプション	意思決定を任意に保留できる
段階オプション 学習オプション	一括投資するのではなく、段階的に意思決定ができる 事業の進捗状況を変更できる
オペレーティング・オプション	事業活動の規模を環境に応じて変更（拡大・縮小・中断・再開）できる
撤退・廃棄オプション	事業から撤退する自由や権利があり、事業資産の残存価値を受け取れる
柔軟性オプション 転用オプション	環境変化に応じて、製品構成の変更や、供給源や原材料の変更ができる
成長オプション	初期投資が将来の別の事業の成長機会をもたらし、これを投資の成果として享受できる

第12章 パブリック・ファイナンス

1・財政とスポーツとの関係とその変化

前章までは、スポーツの主体についてのファイナンスを議論してきた。本章ではパブリック・ファイナンス、すなわち財政を取り上げる。財政の執行主体は国や地方自治体などの政府部門であり、それらはスポーツの主体ではなく、スポーツの振興を支援・誘導する組織である。そしてとくに日本においては、スポーツに関わる費用負担者として、政府の果たす役割、費用割合が大きいので、スポーツに関わる政府の行動、とくに財政上の行動変化がスポーツに及ぼす影響も大きいと言える。

1 財政赤字とスポーツ予算の縮小

スポーツに関連する公的な財政の変化傾向として第一に指摘しておく必要があるのは、縮小のトレンドである。スポーツに関する財政支出を包括的に検討できる資料は、意外ではあるがあまり整備されていない。とはいえ、たとえば表20からは、中央政府のスポーツ支出が減少していることが明らかである。

地方については包括的な資料がさらに少ないのだが、状況は基本的に同じだと言ってよいだろう。国も地方も、債務（国債、地方債など）による収入を除けば、収支は赤字であり、かつ累積債務は総計で1000兆円程度であると考えられている。

こうなった理由は、1980年代後半から、日本の貿易黒字が過大であることから内需拡大が唱えられ、財政支出が拡大し、一方で経済は1990年

表20　わが国の体力つくり関連国家予算　（単位：千円）

省庁名	旧省庁	2000年度		2005年度	2005年度構成比	2005年度／2000年度
内閣府	経済企画庁	12, 766	12, 766		0. 0%	0. 0%
総務省	自治省 郵政省	 9, 120, 777	9, 120, 777		0. 0%	0. 0%
文部科学省	総務庁 文部省	180, 276 71, 671, 330	71, 851, 606	52, 241, 138	19. 4%	72. 7%
厚生労働省	厚生省 労働省	53, 839, 524 2, 150, 331	55, 989, 855	37, 910, 327	14. 1%	67. 7%
社会保険庁	社会保険庁	68, 921, 919	68, 921, 919	51, 007, 174	19. 0%	74. 0%
農林水産省	農林水産省	5, 119, 252	5, 119, 252	7, 725, 622	2. 9%	150. 9%
経済産業省	通商産業省	51, 001	51, 001	11, 450	0. 0%	22. 5%
国土交通省	運輸省 建設省	6, 710, 801 159, 600, 000	166, 310, 801	107, 608, 800	40. 0%	64. 7%
環境省	環境庁	17, 661, 288	17, 661, 288	12, 597, 166	4. 7%	71. 3%
	合計		395, 039, 265	269, 101, 677	100. 0%	68. 1%

資料：総務省「体力つくり国民会議」
出所：笹川スポーツ財団「スポーツ白書」2006

代から沈滞し税収が伸び悩んだことによる。そして経済を刺激することを目的として財政支出が活用され、累積債務はさらに拡大することとなったのである。

国の歳入も、地方の歳入の合計額も、債務による収入を除くとそれぞれ100兆円に満たない規模である。したがって、歳入の1割を累積債務の返済に充当するという極端な財政政策を採用しても、インフレがないという前提では完済には1世紀以上の期間を要することになる。そして現在でも、単年度の財政赤字が続いているので、政府部門は債務の削減を始められる状態にはないのである。

このような状況下では、歳出の削減が必須となる。そしてその第一の対象となるのが施設である。内需拡大を重視していた時期には、典型的な内需である施設建設が政策として重視された。景気刺激を重視した時期においても同様であった。このため、スポーツについても、質の高い、換言すれば高額の施設の建設が進められることとなった。逆に現在は、施設建設を諦めれば財政支出を抑制する効果が大きいので、政府部門による施設整備費支出は著しく小さくなっている。

すなわち、日本のスポーツは、財政支出が緊縮的な状況の中で、それをどのように有効に活用していくのかという課題を有しているということができる。具体的には、施設整備支出が限定的であるという前提の下で、

- 予算のポートフォリオ（支出構成）をどのように変更していくか

というのが基本的な命題である。そしてあわせて、

・限られた予算の中で、（施設整備が経済成長ではなくスポーツそのものにとって必須であるとするなら）、どのような方法で施設整備を活性化するかというのも重要な命題であるといえるだろう。

2 スポーツへの財政区分とスポーツ支出の意味

(1) 目的による財政区分とスポーツの位置づけ

スポーツに直接関与している人々は、スポーツに対する財政支出をどのように拡大していけるかを考えようとし、政府部門にそれを要請する。これに対して財政を担っている人々にとっては、歳出の抑制・有効利用が重要である。したがって、両者の利害――といっていけなければ、主張は基本的に一致しない。このような前提の下では、スポーツ関係者も、なぜ財政がスポーツに対して支出するのか、その意義と意味は何かという点について理解しておくことが重要である。

神野によれば、財政の目的は図14のように整理することができる。この中で、スポーツは三つの目的にかなっているということができるだろう。すなわち、

①教育
②健康の増進による疾病予防
③娯楽の提供

である。

（2） 中央と地方との役割分担

もう一つの類型化の観点は、スポーツに関わるサービスを提供する主体は誰かというものである。大きな区分としては「官と民」がある。そして「官」の中では、国か地方かという区分が重要であ

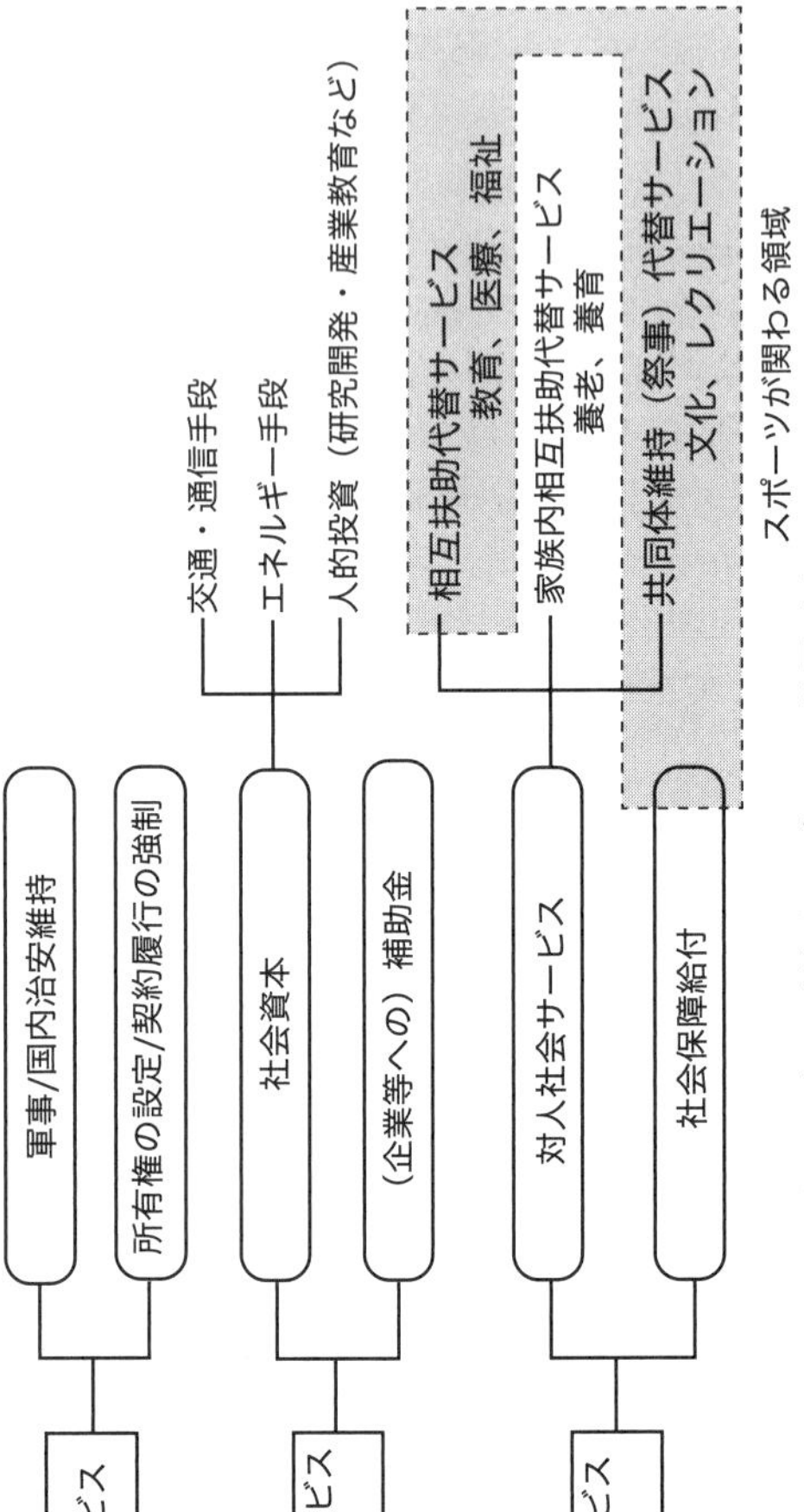

図14　公共サービスの種類とスポーツの位置づけ

資料：神野直彦「財政学」2002、pp. 265-277をもとに作成

る。原則としては、いわゆるシビル・ミニマムを国が提供するが、国は国民一人ひとりに接しているわけではないので、財政支出の形態は「お金」になる。これに対して、市町村など住民に直接的に接している機関は、住民に対してサービスそのものを提供する。

スポーツの特徴は、提供を求められるサービスが多様だという点である。そしてスポーツは種目によって提供コストが異なる。たとえば、ウォーキングの機会を提供するためのコストは低いが、四国に住んでいる人をスキーに連れて行こうとすれば費用は大きい。そうなると、すべての費用を行政が負担するという原則の下では、選択する競技種目によって、提供されるサービスの費用が異なる。これは不公平なので、受益者負担が不可欠になるのである。「スポーツをする」という表現は一般的に使われるしおかしくないのだが、実際には「スポーツをする」人というのはいない。彼らがしているのはスポーツではなく、スキーであったりバスケットボールであったり、あるいは水泳という「種目」なのである。その意味ではスポーツは本質的に多様で、しかも種目によって、必要とされるサービスが大きく異なる。

3 財政によるスポーツ支出のポートフォリオ

次に、スポーツに関する財政支出を費目で類型化するなら、図15に示されているような区分が有効である。すなわち、

①施設関係費用：施設の整備・運営

②事業費用：大会等の開催
③組織育成費用
④指導者育成費用
の4類型となる。

すでにみたように、スポーツにかかる財政支出で最も構成比が大きいのが、施設関係費用である。そしてこの費用が削減されていることによって、総支出が低下するとともに、構成比にも変化が見られる。ポートフォリオが変わり始めているということである。

財政が総費用抑制という大前提の下で支出効果の向上、最大化を求めようとするなら、施設関係費用を削減し、他の類型の支出を拡大すれば、それぞれの類型における支出は大きく拡大すると思われるので、大きな効果を期待することができる。今のと

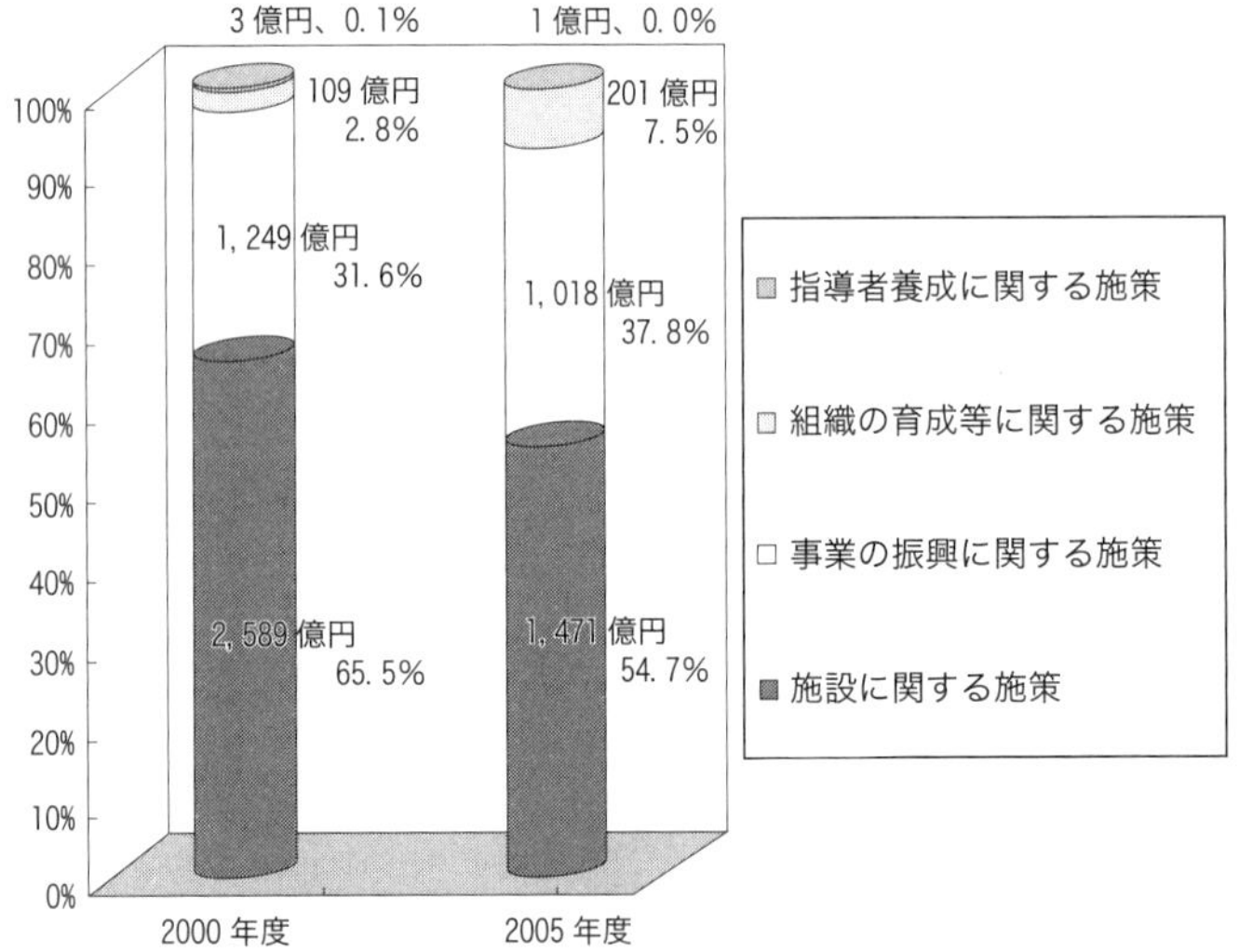

図15　体力つくり関係予算の施策別内訳

資料、出所：表20に同じ

ころ大前提は「総費用抑制」だけではなく「細目レベルでの抑制」をも含んでいる。この理由は、

・細目の抑制の合計が総費用の抑制になること
・いわゆる「痛み分け」――施設関係者だけでなく、他の施策の関係者にも一定のがまんをしてもらう

ということなのだろうと思われる。しかし、この原理にしたがうなら、総費用抑制の中でスポーツ支出の有効化を実現することは難しいと言うべきだろう。

2・PFIによる施設整備

次の検討テーマは、スポーツに関する支出の中でもとくに割合の高い整備費の削減の方法に関するものである。施設費を削減する簡単な方法は、施設を作らないことである。しかしそれでは、財政の、あるいはそれ以前に行政の目的の達成度は低下する。費用を下げ、目的を達成する方法はあるのだろうか。

わかりやすい方法は、建設単価を下げることである。しかし施設の費用は、単純に下げればよいというものではない。この理由は、施設に求められるものが機能だけではなく、景観との適合性、さらには審美性なども重視されることによる。バルセロナのサグラダ・ファミリア教会は、おそらく機能性を追求した建物ではない。東京都庁の建物も、機能だけを追求したのであればああいう形

状にはならなかったのではないかと思われる。建築学科は工学部の中にあるのが一般的だが、美術学部に建築学科が置かれている例もある。力学的な知識だけでは、施設は作れないということである。

もちろん、技術革新（新材料や工法の開発など）によって、単価が下がるということもあるのだろう。とはいえ、施設を作らないのではなく、また単価を下げるのでもない、いわば「第三の方法」によって財政支出を抑制することができれば状況は変わる。その有効な手段の一つとなるのがＰＦＩ（Private Finance Initiative：民間資金等活用事業）である。

1 ＰＦＩの特徴

（1）ファイナンス手法としてのＰＦＩ

①プロジェクト・ファイナンス

ＰＦＩのファイナンス手法としての特徴は、いわゆるプロジェクト・ファイナンスだという点である。

企業や行政が借入や債券の発行を行う場合、その返済や償還の責任は、企業・行政がそれぞれ全体として負っている。たとえば、Ａという事業で資金を調達し、この事業のキャッシュフローから返済できない場合は、その組織の他の事業のキャッシュフロー等から返済することになる。

これに対してプロジェクト・ファイナンスでは、返済のキャッシュフローの源泉が特定される。

すなわち、Aという事業で資金を調達し、この事業のキャッシュフローから返済するという契約がなされている場合、Aという事業を有する主体の他の組織や事業には、返済義務がない。

PFIでは一般的に事業案件ごとにSPC（Special Purpose Company：特別目的会社）を設立し、これが資金を調達し、返済する。調達した資金の返済義務は、このSPCを設立ないし保有している主体には及ばないということである。

②費用の平準化

政府や自治体の会計制度が、株式会社と大きく異なる点の一つは、施設整備にかかる費用が、歳出（費用）に計上されるという点である。

株式会社が施設を取得する場合は、損益計算書の費用にはならない。貸借対照表の資産に計上され、その費用は毎年の経費（減価償却費）となる。したがって、施設の取得費用の大小は、取得時の収支とは無関係である。これに対して政府や自治体では、施設の整備・取得は、財政赤字の拡大に直結する。

PFIでは主体であるSPCが減価償却を行う場合、一般的な株式会社と同様、建設費用が平準化できる点が特徴となる。

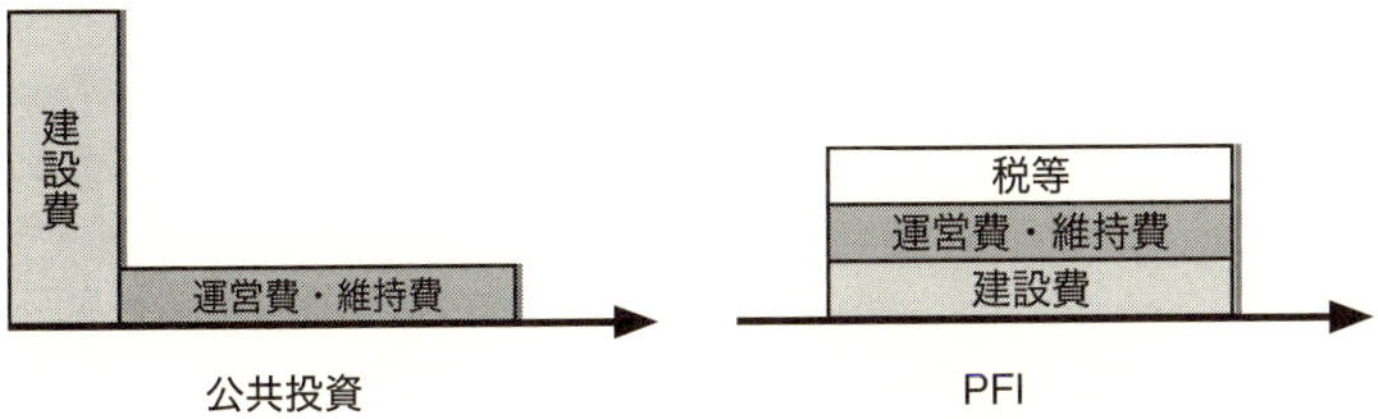

図16　PFIによる費用の平準化

（2）PFIの類型

PFIの手法は、表21のとおりである。PFIのメリットはファイナンスだけではないので、行政が施設を所有する方法もある。行政が施設を所有していれば、税負担が軽減され、施設の建設〜運営に関わる費用を低下させることができる。SPCが調達しなければならない長期資金も少額でよい。行政、建設主体等の財務状況や総事業費などによって、選択される手法が異なる。

2 PFIの意義とリスク

（1）行政にとっての意義

①財政負担の平準化

すでに述べたとおり、PFIではS

表21　PFIの手法の類型

BOT(Build-Operate-Transfer) 建設ー運営ー譲渡	民間事業者（公共体とのジョイント・ベンチャーを含む）などのプロジェクト事業主体が建設・運営を行い、一定期間経過後に公共体に施設を譲渡するプロジェクト推進形態。
BTO(Build-Transfer-Operate) 建設ー譲渡ー運営	プロジェクト事業主体は建設後、施設の所有権を当該公共体に引き渡すが、引き続き施設を運営するプロジェクト推進形態。運用収入を公共体と分配することもある。
BOO(Build-Own-Operate) 建設ー所有ー運営	BOTのように公共体への施設移転を行わないプロジェクト推進方式。
BLT(Build-Lease-Transfer) 建設ーリースー譲渡	事業主体は工事完成後、公共体に施設をリース、運営させ、リース代を受け取って投下資金を回収した後、所有権を引き渡す。
BOS(build-Operate-Sell) 建設ー運営ー売却	事業主体は自らの資金調達によって施設を建設し、当該公共体に売却してその売却益を償還原資とする。事業主体は売却後、公共体とリース契約を結んで施設貸与を受け、施設の所有権は持たない。

資料：日本建設業団体連合会

ＰＣによる償却が可能なので、手法によっては、財政負担を単一年度に集中させず、平準化することが可能である。これによって、施設整備を促進することができる。

②発注の一元化

第二のメリットは、発注がＳＰＣに集約されることによって実現される。すなわち、行政の発注は業務ごとかつ年度ごとだが、ＳＰＣは会社なので、複数年にわたる建設プロジェクト全体について契約することが可能である。これにより、建設期間の短縮、取引コスト（毎年の入札など）の低下が実現される。

③リスクの明確化

第三のメリットは、プロジェクト・ファイナンスであるため、リスクの範囲と大きさが明確になるという点である。

かつてよく利用されていた第三セクター方式では、第三セクターが事業主体になったとしても、その経営が行き詰まった場合、行政がその債務を負担するというのが一般的であった。この方式では、銀行は建設プロジェクトのリスクが高くても、最後は行政が支払うと考えれば融資を行う。建設会社も、なるべく建設費を高くしようとするだろう。

これに対して、ＰＦＩでは行政はＳＰＣを救済しないので、プロジェクト・リスクに応じてファイナンスの条件が設定されることになる。

従来の公共事業

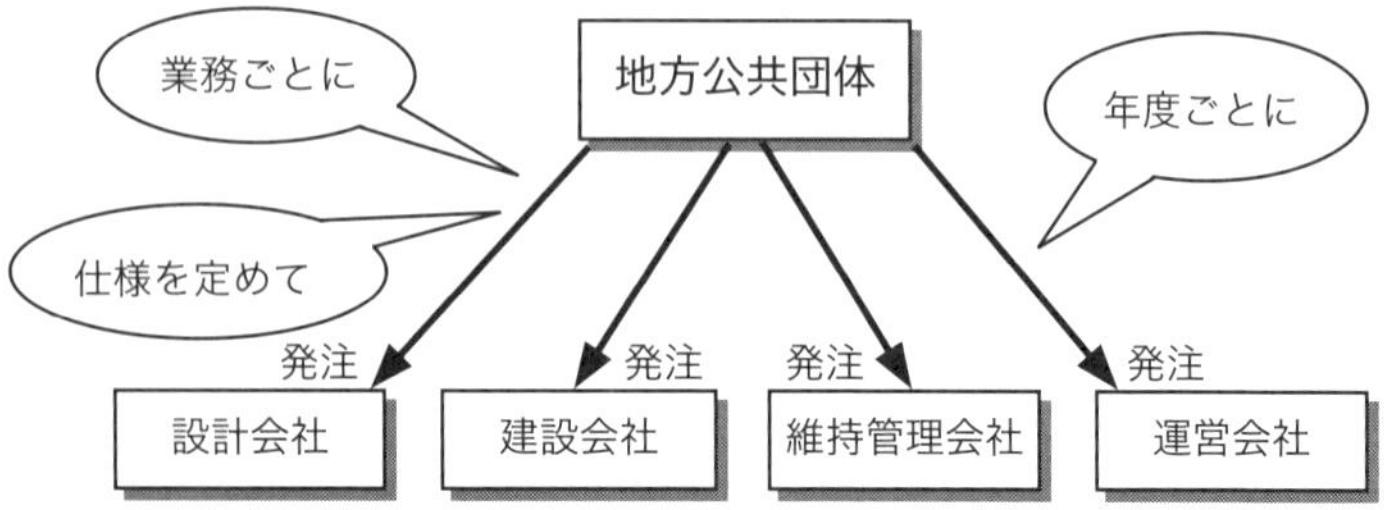

事業の実施に必要な資金は補助金、起債、独自財源から調達する。

PFI

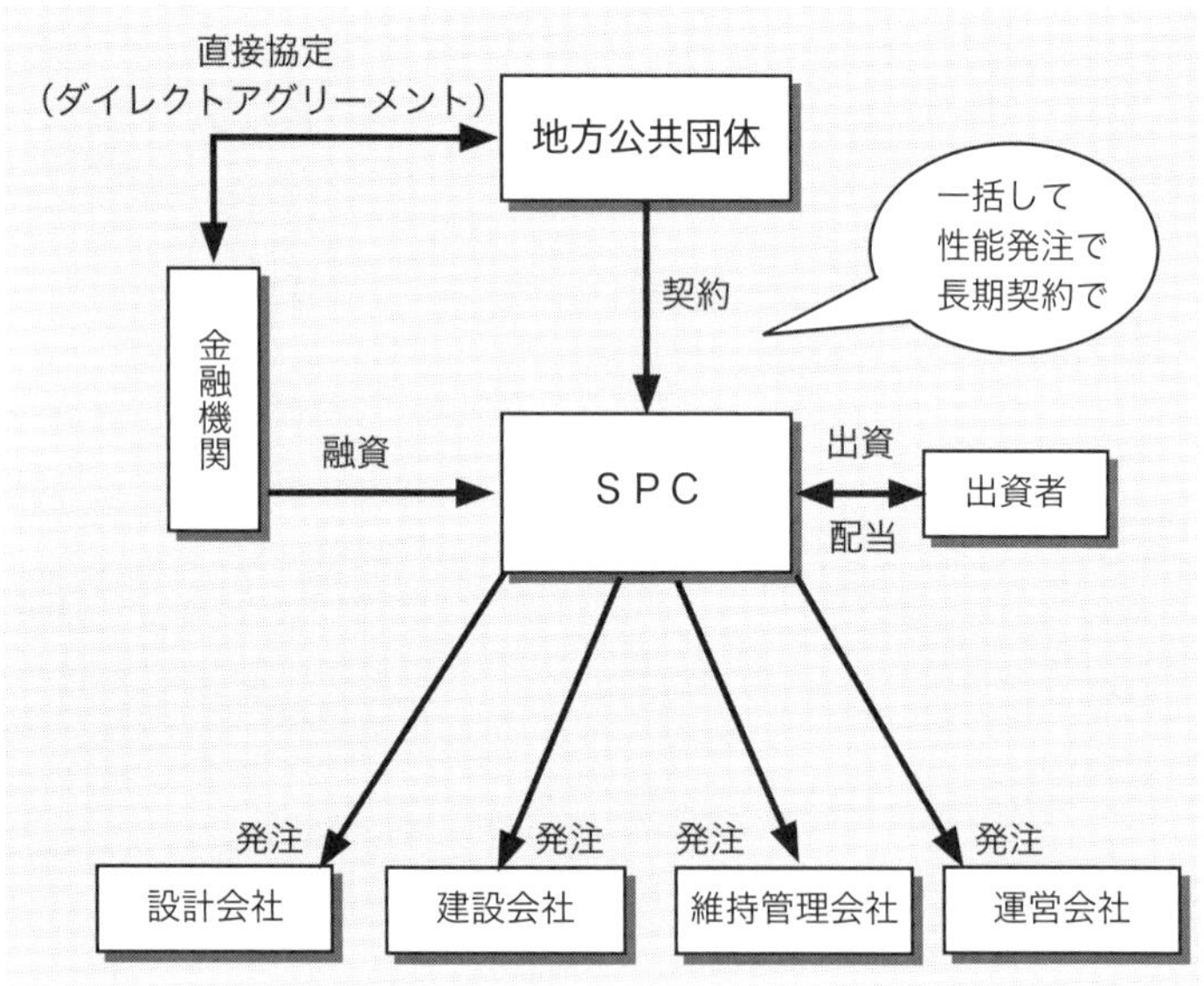

図17　公共事業とPFIの仕組みの比較

資料出所：内閣府ホームページ

http://www8.cao.go.jp/pfi/tebiki/kiso/kiso01_01.html

④**総費用（ライフサイクル・コスト）の削減**

施設の建設・運営に関わる総費用をライフサイクル・コストという。ＰＦＩはライフサイクル・コストを下げることを目的の一つとしている。換言すれば、行政費用の平準化など、先に述べたようなメリットは、ライフサイクル・コストとトレード・オフの関係にはないということである。

ＰＦＩによる総費用低下を評価する尺度となるのがＶＦＭ（Value for Money）である。これは、従来型の公共工事に比べて、ＰＦＩが総費用をどれだけ削減できるかを％で表示したものである。すなわち、式としては、

VFM＝（公共工事のライフサイクル・コスト－PFIのライフサイクルコスト）÷公共工事のライフサイクル・コスト

となる。

またライフサイクル・コストの計算には、ディスカウント・キャッシュフローの項で説明したような、キャッシュフローの割引現在価値を用いる。

もし公共工事とＰＦＩ方式とで、施設建設費、運営費が変わらないなら、理論的にはＰＦＩのほうが、税と金利（行政が資金調達する場合と比べればプロジェクト・ファイナンスのほうが利率が高くなるはずである）が上乗せされるため、ライフサイクル・コストが高いはずである。しかし、これまでの事例ではＰＦＩのほうがライフサイクル・コストが低い。これは、ＰＦＩにおいて、ＳＰＣが発注者になることにより、建設費や運営費の効率化（低減）が実現されることを示している。

(2) PFIのリスク

留意点として指摘しておきたいのは、PFIでは、事業のリスクは行政(やその外郭団体)から民間(主体としてはSPC)に移転されているが、事業リスクそのものが低下しているわけではないという点である。また第三セクターの経営はすべて放漫で、SPCならかならず厳格ということもないだろう。

したがってたとえば、SPCが破綻することもあり得るし、その理由が、

・甘い収支計画
・不要な人材の抱え込み
・施設運営ノウハウの欠如

などであることも想定できる。また現在、銀行はリスクが高い長期資金はあまり貸そうとしないので、真の市場原理に基づくなら、銀行がSPCに融資するというのは難しいはずである。それが実際には融資が行われているのだとすると、それは行政の都合で市場原理が壊れていることを意味するのかもしれないし、銀行はそこで無理に引き受けたリスクを、行政との別の取引で取り返そうと考えるのが自然である。

このように考えるなら、PFIはさほど優れた手法でもないように思える。とはいえ、このファイナンス手法があることによって施設建設が促進されるなら、実務的には有効な手法だという結論になるのだろう。前項でみたように、PFIの真の有効性は、ファイナンスとしての枠組みではな

く、コスト効率化にあるのだが、これとて、事業者が「仕事が欲しい」ために、自分たちの利益を削減しているためなのかもしれない。行政にとっての有効性ではなく、手法としての有効性の検証が、これからの課題である。

3・指定管理者制度による運営の効率化

1 指定管理者制度の概要

指定管理者制度とは、2003年の地方自治法改正により新たに導入された、施設運営に関わる制度であり、本書の文脈では、施設の管理運営コスト（ないし収支）を改善することにより、行政負担を削減することがメリットである。

従来、地方自治体が設置する施設の運営は、直営以外には、自治体が50％以上出資・出損する法人（いわゆる第三セクター）、生協・農協などの公共的な団体等に限られており、民間企業が管理を受託することはできなかった。法改正により、民間企業もこれらの施設の管理を受託できるようになったが、あわせて重要なのは、次の2点である。

①受託者は原則公募であり、選定委員会で決定される——すなわち、これまで第三セクターが排他的に管理受託していた施設についても、改正法の下では、あらためて競争的な公募が行

われる。第三セクター等の既得権は認められず、民間企業と同様、応募者のうちの一つとして取り扱われる。

②指定管理者は施設管理を幅広く代行し、施設の使用許可権限を持つとともに、利用料金を自らの収入として受け取ることもできる――これまで第三セクター等が自治体と手交していたのは管理委託契約であり、管理主体はあくまでも自治体であった。したがって、受託者の業務範囲はこの契約に記載されたものに限定されるとともに、施設の使用許可、料金設定についても自治体の権限の範囲だったのである。

地方自治体は、2006年9月までに、既存の公共施設を直営とするか、あるいは、指定管理者制度に移行するかを決定している。また、新たに設置される施設については、指定管理者制度の適用が前提とされる。

2 スポーツ、スポーツ組織にとってのメリット

指定管理者制度がスポーツにもたらすメリットとしては、次のような点を指摘することができる。

①民間主体による低コストの管理運営（行政負担の軽減）

②マーケティング等民間ノウハウによる施設利用率、収入の改善

また、スポーツを主たる事業目的とする民間組織が指定管理者となることも想定されるが、この場合、当該組織の財務の安定が同時に実現されることともなる。スポーツ組織はこれまで法

人格を持たぬものが大半であり、行政の取引相手としての基本的な適格性を欠いていた。しかし、1998年のNPO法の施行、そして2006年の会社法施行により、これらの組織の法人化が容易となっている。地域のスポーツ組織による施設運営が、現実のものになろうとしているのである。

第13章 無体財産とファイナンス

1・スポーツに関わる無体財産

1 無体財産権とは

(1) 無体財産権の類型

本書の冒頭でも述べたように、スポーツは、事業収入とファイナンス収入との境界が比較的あいまいなビジネスである。財やサービスの提供をしないでも得られる収入が多い。言い方を変えるなら、原価がかからない。そしてそのためもあって、価格は原価を反映せず、いわば「相場」によって決まることになる。

無体財産はそのような収入の源泉の一つであり、スポーツに関わる無体財産権としては、以下のようなものがある。

・意匠権（デザイン化されたもの）
・商標権
・著作権
・パブリシティ権
・周知の商品形態、ドメイン名等
・肖像権
・放映権
・施設などの命名権
・商品化権

移籍金は、選手との契約（所属契約）によって生じる一種の財産権を売却することによって得られる収入である。財産の売買なら「無体」ではないが、契約権の売買なら上記に準じるものと解釈することができるだろう。また、スポーツに関わる収入機会の多くは、いわゆる「権利ビジネス」でなくても、権利を取引しているものが多い。たとえば選手のユニフォームにスポンサー名を載せるのは、「ユニフォームにスポンサー名を載せる権利」を販売しているということである。競技場の看板も同様であるし、スポンサー・メリットとは要するに権利なのである。入場料も、一つの席を占有する権利であると考えることができる。その意味では、スポーツとは全体として権利ビジネスなのであり、狭義の「権利ビジネス」以外の収入についても、権利ビジネスの観点から検討することに意味があるといえるだろう。

(2) スポンサードとの違い

とはいえ、無体財産による収入とスポンサー収入には明らかな違いがある。それは、スポンサー収入については、原則として、チーム側がメディアないしそのコミュニケーション場面を用意するという点である。ユニフォーム、練習着、看板、パンフレット、チームのホームページなどがこれに該当する。これに対して、無体財産権の使用を認めるという場合、メディアを用意するのは企業の側である。

換言すれば、スポンサードにおいては、チームというメディア「を」どう活用するかが課題であるのに対して、無体財産の使用では、チームをメディア「で」どう活用するかという点が重要になる。

2 無体財産と権利ビジネス

スポーツ組織は、これらの権利を設定し、他の主体が利用することによって収入を得る。これを一般的に「権利ビジネス」と通称している。日本のスポーツ界はこれまで、欧米に比べると「権利を設定して収入を得る」ことが得意ではなかった。しかし最近では、チームや団体において、権利ビジネスを主要な収入源とするところも増加している。また、競技者個人がエージェントに委託して、自身の権利を設定・保護し、収入を得ることも広く見られるようになりつつある。

(1) 権利ビジネスの主なビジネスモデル

主な収入源とそのビジネスモデルとしては、次のようなものがある。

①商品化権

チームのマークやシンボルキャラクターのついた商品の商品化権を企業に付与する。収入は、商品化権料（固定）と、販売数量にスライドする収入とがある。

②商標の使用権

チームのスポンサーが、自社の広告や広報で、チームの商標等を使用する権利に伴う収入。スポンサーの権利の一部になっていることも多い。チームが提供できる媒体としてのスペースはユニフォームや看板など限定的だが、スポンサーが使用できる媒体には物理的な制約がないので、この権利のメリットは、スポンサーにとってかなり大きい。なお①の商品化権は、商標の利用権を含んでいる。

③肖像の使用権

選手個人が、肖像権を企業に付与して収入を得る。企業はこれを自社の広告や広報に利用する。選手がチームや競技団体を介して自分の肖像の使用権を許諾することも多い。この場合、使用権はまず選手からチームや団体に対して使用許諾され、企業はチームや団体から使用権を付与されることになる。

たとえば、Jリーグがカレンダーを作成する際は、選手の肖像権の使用許諾を規約によってあらかじめ得ている。また、図18はJOCのシンボル・アスリート制度についてのものだが、ここでは、選手の肖像権についての使用許諾がJOCに選手から付与され、これをスポンサーが利用するという方法がとられている。

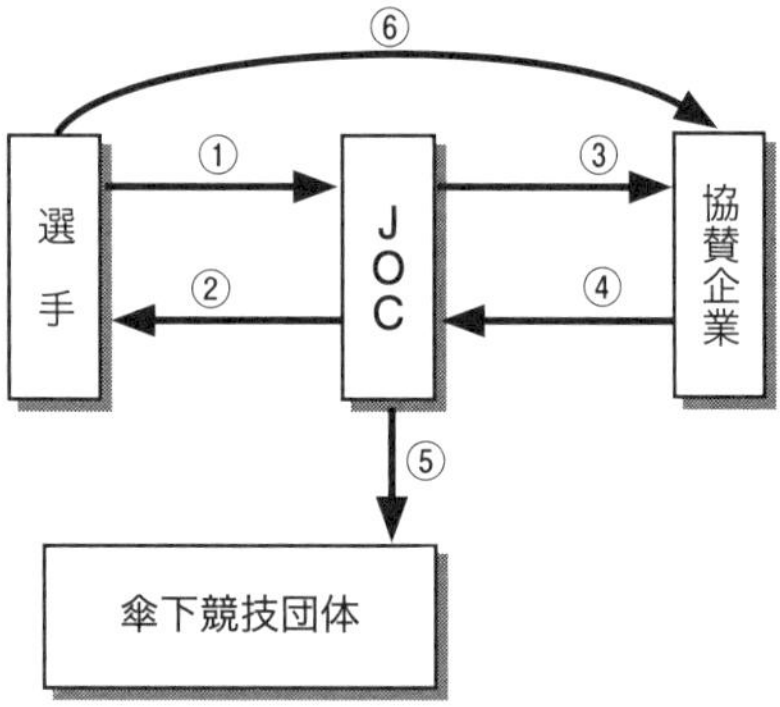

① 自分の肖像権を預ける（使用許諾）
② ①の対価（最大2000万円）
③ 選手肖像権の優先使用権
④ ③の対価（4年間で3億円）
⑤ ④を原資とする配分金
⑥ 広告制作等への役務の提供

図18 JOCのシンボル・アスリート制度

(2) 権利ビジネスの「拡張性」

前項でみたようなビジネスモデルに共通する特徴は、ビジネスの「拡張性」である。すなわち、①の商品化のケースでは、スポーツ側の収入は、商品化を行う企業の販売力に比例する。また商品化の対象となるカテゴリーを広げていけば、収入機会も増えることになる。②のケースでは、たとえば企業が「わが社は○○を応援しています」という広告や広報を大量に行うなら、そのメリットに応じた対価を得られることになるはずである。③のケースも同様で、選手が競技に出場したり、練習している映像や写真を企業が使用する量（＝スポンサー・メリット）に応じて、選手、あるいはその肖像使用権の一次許諾を得ているチーム・団体の収入が増える。

収入の大きさは、原則としては、チームや選手の知名度や人気に比例する。この観点からすれば、拡張性の源泉は、チームや選手の側にある。とはいえ、製品では「開発」と「プロモーション」が重要なのと同様、権利ビジネスでも「どのような権利設定を行うのか（権利の開発）」とそのプロモーションによって、収入を拡大することが可能である。権利の開発は、極論すれば、「無から有」を生むことである。したがって、開発の機会には制約がない。また、この権利を使用したいと考える企業の資金力や販売力が高ければ、結果として権利の価値（＝販売価格）が高まることになる。こう考えるなら、拡張性の源泉は、企業側にあるということになる。

この議論は、二者択一的なものではない。チームにとって重要なのは、無体財産を高く買ってくれる企業を選べばよいという原理である。高く買ってくれるということは、その使用場面も多いということだからである。すなわち、選択を競争に委ねることが可能である。そして無体財産の使用場面が多ければ、結果としてチームや選手の無体財産の価値も上がることになる。

3 権利間の葛藤

権利ビジネスで問題が生じるのは、権利間で葛藤がある場合である。具体的には、次のような葛藤がある。

(1) 設定された権利に排他性があることによるもの

ユニフォームの胸や背中のスポンサードには、物理的な制約による排他性がある。つまり、1社がそれを取得したら、他の企業は取得することができない。したがって、排他的な権利設定に伴う問題は生じない。もちろん、

- より対価の大きいスポンサーを得られないという機会損失
- スポンサーの倒産などによる債務不履行
- 排他的なスポンサー間の葛藤(同じ業種である、一方に不祥事があり、チームのイメージが損なわれる)

等の問題もあり得るが、これらは排他性を原因とするものではない。

これに対して、排他的な権利を設定することによって、他のスポンサーを得る機会を損失することがある。たとえば選手が排他的な肖像権使用契約を企業と交わしている場合、他の企業に肖像権の使用を許諾することができない。

たとえば、前出のJOCのシンボル・アスリート制度の場合、すでに個人あるいは競技団体として排他的な肖像権使用契約を交わしていると、同制度に応じることができないという問題が生じる。あるいはサッカーや野球、バスケットボールなどの外国人選手がすでに複数年の排他的な肖像権使用契約をしている場合、肖像使用権の使用をチームや団体に許諾するという前提との間に葛藤が生じることになる。

テレビを見ていると、同じタレントがいろいろなＣＭに登場する。これが意味しているのは、肖像権について排他的な契約が結ばれていないということである。拡張性という観点からは、契約は排他的でないことが望ましい。

（２）設定された権利に排他性がない場合

契約に排他性がない場合でも、葛藤や制約はあり得る。重要なのは業種の重複を避けることである。もちろん、すでにソフトドリンクのＣＭに出演しているタレントや選手とは、他のソフトドリンクの会社は契約しようとはしないだろう。すなわち、企業側で合理的な判断が行われることになる場合が多い。

ただし、肖像権を使用する企業が、同じ権利を有する他の企業との契約について、一定の制約を求めることもある。具体的には、業種に関する制約が多いものと思われる。たとえば、健康飲料のメーカーや製薬会社は、冠婚葬祭業との「相乗り」は困るというかもしれない。タバコ、アルコール飲料についても同様である。これらの企業が新たに肖像権の使用を求める場合は、新規に権利を得る側の企業は問題を感じず、既存企業が問題を感じるので、右に述べた合理的判断によってコントロールすることができないのである。

2・ネーミングライツ

1 ネーミングライツとは

無体財産ビジネスの中で、日本で近年急増しているものの一つが命名権（ネーミングライツ）である。スポーツの競技場に企業や製品の名前をつけたものである。たとえば横浜スタジアムは日産スタジアム。千葉はフクダ電子アリーナ、略して「フクアリ」。大分は九州石油ドーム。西東京市の東伏見にあるアイススケートリンクはダイドードリンコアイスアリーナ——等である（表22）。

どうして建物に企業の名前が急につきはじめたのかというと、企業がその施設にお金を払って、ネーミングライツを買っているからである。

スポンサー
サントリー、1997-2006
ダイドードリンコ、2006-
北海道セキスイハイム
味の素
日産自動車
フクダ電子
ユアテック
エヌ・デーソフトウェア
九州石油
東北電力
ネクスト
大塚製薬
レオックジャパン
住友金属工業
ヤフー、ソフトバンク BB2003-2005
スカイマーク、2005-
フルキャスト
インボイス、2005-2006
グッドウィル・グループ 2007-
京セラ
穴吹工務店
ヤフー
デンコードー
三和酒類
セイコーエプソン
久光製薬
シャネル
西酒造
東京エレクトロン
サントリー
東洋ゴム工業

表 22　日本のネーミングライツの導入例

	正式名称・旧称	ネーミングライツによる呼称
アイススケートリンク	東伏見アイスアリーナ	サントリー東伏見アイスアリーナ
		ダイドードリンコアイスアリーナ
	真駒内屋内競技場	真駒内セキスイハイムアイスアリーナ
サッカー陸上競技場関連施設	東京スタジアム	味の素スタジアム
	横浜国際総合競技場	日産スタジアム
	千葉市蘇我球技場	フクダ電子アリーナ
	仙台スタジアム（七北田公園仙台スタジアム）	ユアテックスタジアム仙台
	山形県総合運動公園陸上競技場	ND ソフトスタジアム山形
	大分スポーツ公園総合競技場（ビッグアイ）	九州石油ドーム
	新潟スタジアム（ビッグスワン）	東北電力ビッグスワンスタジアム
	神戸市御崎公園球技場（神戸ウイングスタジアム）	ホームズスタジアム神戸
	徳島県鳴門総合運動公園陸上競技場	ポカリスエットスタジアム
	横浜 F・マリノス 戸塚トレーニングセンター	横浜 FC LEOC トレーニングセンター
	茨城県立カシマサッカースタジアム・第 2 ゲート	住友金属ゲート（住金ゲート）
野球場練習場	神戸総合運動公園野球場（グリーンスタジアム神戸）	Yahoo!BB スタジアム
		スカイマークスタジアム
	県営宮城球場	フルキャストスタジアム宮城
	西武ドーム	インボイス SEIBU ドーム
		グッドウィルドーム
	大阪ドーム	京セラドーム大阪
	香川県営野球場（オリーブスタジアム）	サーパススタジアム
	福岡ドーム	福岡 Yahoo!JAPAN ドーム（ヤフードーム
	東北楽天ゴールデンイーグルス泉グラウンド	デンコードースタジアム泉
その他	大分県立総合文化センター	iichiko 総合文化センター
	品川プリンスホテル品川アクアスタジアム	エプソン品川アクアスタジアム
	ルーブル丸の内	サロンパス　ルーブル丸の内
	東京国際フォーラムガラス棟	シャネルルミエール（CHANEL LUMIERE
	鹿児島県文化センター	宝山ホール
	韮崎文化ホール	東京エレクトロン韮崎文化ホール
	渋谷公会堂	渋谷 C.C.Lemon ホール
	箱根ターンパイク	TOYO TIRES ターンパイク

大きな施設の建設にはお金がかかる。サッカーのスタジアムでワールドカップを目的に作られたものは、200億円から600億円。MLBのニューヨーク・ヤンキースが新しく作ろうとしている野球場は周辺施設を含めて建設費予定額が約900億円。バスケットボールも、体育館なら安くできそうだが、NBAのように観客席の多い施設を作ろうとすると、サッカースタジアムよりは少ない費用で作れるとはいえ100億円はかかるようだ。

そして、かかるお金は建設費だけではない。施設ができてからの運営費も高額なのである。これらの費用を、入場料収入だけでまかなうことは難しい。だから命名権を企業に売って、運営費の「足し」にしているのである。日本では自治体が施設を持っていることが多いが、国も地方も財政難である。要はお金がない。しかし作った施設は運営しなければならない。そして昔のように自治体が運営費の不足分を全面的に支出することは難しい。これも命名権を売るようになった大きな理由である。

海外でよく目にするものでいうと、イチロー選手が所属するシアトル・マリナーズのホームグラウンドはセーフコ・フィールド。セーフコは保険会社である。ドイツ・サッカーのブンデスリーガの強豪であるバイエルン・ミュンヘンのホーム・スタジアムはアリアンツ・アリーナでこれも保険会社。命名権を売ることは施設運営のノウハウの一つとして確立されている。NBAでは競技場の8割以上で命名権が用いられている。野球のマリナーズと同じシアトルにあるスーパーソニックスのホームはキー・アリーナで銀行の名前。デンバー・ナゲッツはペプシ・センターでコーラ。ヒューストン・ロケッツのホームはトヨタセンターである。バスケットボールのアリーナはイベントやコンサートなどにも使われるので、スポンサーにとっては自社の名前をつけることのメリットが大きいのである。

2 日本の命名権の問題点

こう見てみると、命名権を売るのはいいことずくめのようだが、問題が生じることもある。具体的には以下のとおりである。

①オーナー、チームスポンサー、施設スポンサー間の葛藤

第一は、チームのオーナーないしスポンサーと競技場のスポンサーとの間で生じる問題である。アマチュアのいわゆる企業スポーツであれば、チームを保有している企業がある。プロチームであれば筆頭株主、メインスポンサーがいる。これと施設スポンサーが競合するケースを想定することができる。たとえば、ダイドードリンコアイスアリーナをサントリーやコカコーラのチームのホームリンクとすることは難しいだろう。

また、日本の競技施設は公設や公営が多い。そしてこれらの施設を、チームがホームとして使用している場合、施設運営者は、施設が得る収入の最大化を目的としてネーミングライツのスポンサーを探す。結果として、チームのオーナーやメインスポンサーと競合するスポンサーを獲得してしまうこともあり得る。

②イベントスポンサーと施設スポンサーの競合

第二はイベントスポンサーと施設スポンサーの競合の問題である。サッカーの国際大会でトヨタカップというのがある。会場は日産スタジアムである。これではまずいので、トヨタカップに限って、パンフレットなどに載せる競技場の名前は横浜国際総合競技場になっていた。企業はテレビでコマーシャルをするのと同じように、命名権を買うことで会社の名前を高めようとする。競技会のスポンサーの目的も同じである。だから、同じ業種で競争している二つの会社の名前が同時に出てくるというのはまずいことなのである。

③施設スポンサーの不祥事

第三は、あまり例がないほうがよいのだが、命名権を買った会社が倒産したり、問題を起こすこともある。そうなると、競技場のイメージは低下するだろう。

④施設スポンサーの名称の変更

また、合併などによって名前が変わる会社も多い。そうなると競技場の名前も変えなければならないということになりかねない。

⑤契約期間

第五は、命名権の契約期間が、とくに日本では短いという点である。欧米だと10年以上が一般的なのだが、日本では2～3年が多く、契約が継続されずに別の名前の競技場になる例もすでに見られる。

そうなると、困ることがいろいろ生じる。競技場は、命名権のスポンサーが変わるたびに、看板を掛け替えなければならない。地図やいろいろな資料に載っている競技場の名前も変わる。これも手間だし、古い地図や資料を持っていても役に立たないということである。だから理想は、健全な企業に10年単位で命名権を買ってもらうことである。

3 日本の施設の商品価値

日本の施設のネーミングライツは、契約期間が短いだけでなく、対価も海外と比べると低い。つまり、商品価値が低いということである。価値が高ければ、スポンサーは長期契約でネーミングライツを確保しようとし、その獲得競争によって価格も上がるだろう。

商品価値が低い主な理由は、

- 集客力（年間利用者数）
- 露出機会（テレビ等での放映回数や視聴率）

であると思われる。そしてこれらは、スポーツチームのスポンサー価値と同じ指標である。したがって、人気のあるイベント（試合など）を多く実施している競技場は、ネーミングライツの価値が高まるということになる。

ここで、集客力のある競技はテレビ放映される機会が増すという前提に立つなら、競技場の価値の根源は集客力であるということになる。したがって、立地がよく、いろいろなイベントに利用される施設のネーミングライツは高い。米国の競技場は、いわゆるコンプレックス（複合施設）化している。これも、競技場だけでなく、施設群全体として集客力を高め、結果としてネーミングライツの価値の向上に貢献するものとなっている。逆に、交通の便が悪く、利用される機会が少ない施設の価値は低くなる。ということは、競技の出場者と関係者以外には人の来ない競技会を開催し、他にはほとんど使用されることのない競技場には、ネーミングライツを設定する意味がないということなのである。

したがって、日本でネーミングライツを設定し得る競技場は、野球、あるいはサッカーなど、一定の観客を見込むことができ、テレビ放映されるホームゲームを開催するところに限定されることになるだろう。そしてこれらの競技場にしても、スポンサー候補が競争し、高額の長期契約を実現する段階にはなっていないということなのである。

[な行]

[は行]

[た行]

[さ行]

さくいん

【著者紹介】

武藤泰明（むとう　やすあき）

1955年生まれ。

1978年東京大学教育学部卒業、80年同大学院教育学研究科修士課程修了。三菱総合研究所主席研究員を経て、現在、早稲田大学スポーツ科学学術院教授。

［公職等］独立行政法人鉄道建設・運輸施設整備支援機構特別顧問、社団法人日本プロサッカーリーグ（Jリーグ）理事・経営諮問委員長、社団法人全国民営職業紹介事業協会理事、日本スポーツマネジメント学会理事、特定非営利活動法人日本ファイナンシャル・プランナーズ協会評議員・倫理委員ほか。

［著書］『マネジメントの最新知識』（単著、PHP研究所）、『持株会社経営の実際（第2版）』（単著、日経文庫）、『プロスポーツクラブのマネジメント』（単著、東洋経済新報社）、『スポーツ白書』（共著、笹川スポーツ財団）、『経営用語辞典』（編著、日経文庫）、『ファンド資本主義とは何か』（単著、東洋経済新報社）ほか多数。

スポーツファイナンス

NDC338/x, 233p/20cm

初版第一刷発行——二〇〇八年五月一日

著　者——武藤泰明《むとうやすあき》

発行者——鈴木一行

発行所——株式会社　大修館書店

〒101-8466 東京都千代田区神田錦町三−二四

電話 03-3295-6231（販売部）

03-3294-2358（編集部）

振替 00190-7-40504

［出版情報］http://www.taishukan.co.jp

編集協力——和田義智

装 丁 者——下川雅敏

印　刷——三松堂印刷

製　本——牧製本

ISBN978-4-469-26657-3　Printed in Japan